源创新小典

未来企业的成长密码

［美］谢德荪 张力军 著

THE ART OF
DISRUPTIVE
INNOVATION

中信出版集团 · 北京

图书在版编目（CIP）数据

源创新小典：未来企业的成长密码 /（美）谢德荪，张力军著 . -- 北京：中信出版社，2018.8
ISBN 978-7-5086-9297-5

Ⅰ．①源…　Ⅱ．①谢…　②张…　Ⅲ．①企业管理－研究　Ⅳ．① F272

中国版本图书馆 CIP 数据核字（2018）第 166114 号

源创新小典：未来企业的成长密码

著　　者：［美］谢德荪　张力军
出版发行：中信出版集团股份有限公司
（北京市朝阳区惠新东街甲 4 号富盛大厦 2 座　邮编　100029）
承 印 者：中国电影出版社印刷厂

开　　本：880mm × 1230mm　1/32　　印　　张：4.25　　字　　数：85 千字
版　　次：2018 年 8 月第 1 版　　印　　次：2018 年 8 月第 1 次印刷
广告经营许可证：京朝工商广字第 8087 号
书　　号：ISBN 978–7–5086–9297–5
定　　价：42.00 元

编委会

[美] 谢德荪（Edison Tse）

张力军　张晓芬　易北辰　任伊凡

美术编辑　茗漫青年

目 录

自序 / III

序言 扭转企业颓势的“神奇之手” / VII

1 源创新原则 / 003

2 双子星源创新与流创新的异同 / 023

3 源创新该怎么做 / 043

4 源创新 hands-on 搭建 / 065

5 源创新将你与世界联结 / 083

自 序

《国家创新指数报告 2016—2017》显示，中国国家创新指数排名提升至第 17 位。如今，愈发多元的创新主体汇聚到创新大潮中，政府机构、科研院所、高等学校、企业等都不断加大研发力度。

伴随着整体创新氛围的日益浓厚，中国企业创新的规模日益庞大，创新能力也不断提高。2017 年企业研发经费为 13733 亿元，比上年增长 13.1%，连续两年实现两位数增长。然而，前进之中亦有隐忧，创新热潮的背后，问题也不容忽视。

我们常说，续写一个故事不难，难的是开创一个故事。同样，相比于“从 0 到 1”的源创新，目前中国大多数企业仍停留在“从 1 到 N”的层面，做创新产业的来料加工。凭借中国庞大的人口基数和市场规模，这样的创新的确可以为企业迅速带来效益，却鲜见中国的创新向世界创新产业链的头部奋进。过度依赖人口红利所带来的收益，沾沾自喜于“从 1 到 N”的商业模式，这些在细微之处的调整与改进，不利于企业核心竞争力的塑造。

进入移动互联网时代后，中国企业在互联网应用上的创新活力与成就有目共睹。不过，一些“一窝蜂创新”同样令人担忧。从共享单车到直播答题，模式很单调，轨迹很相似：新风口一经出现，企业和投资者就会蜂拥而至、跑马圈地、疯狂砸钱，竞争呈现同质化、低质化，创新更无从谈起。盲目的跟风模仿，既伤害企业的创新热情，也不利于创新能力的持续培养。

问题的解决并非一朝一夕之功，克服乱象离不开良好的创新生态的构建，这与每一个身处其中的企业息息相关。中国企业的创新之路，应当实现从流创新向源创新的转变。

在斯坦福大学谢德荪教授提出的理论中，商业创新可以分为流创新与源创新。流创新中的“流”是“节流”的延伸，指能改善现有价值链的创新活动；源创新也可以直译为颠覆性创新，指从无到有的创新。

从流创新向源创新的转变，是创新思维的转变、创新能力的加强。源创新不是简单等同于企业要彻底摒弃现有的创新方式，而是要走出舒适区，勇于闯荡“无人区”，培育更多的技术、理念、模式。创新的核心是“从 0 到 1”，创新的基础是“从 1 到 N”,“从 1 到 N”的积淀是为了“从 0 到 1”的蜕变。不能总是用别人的昨天来装扮自己的明天，核心技术靠“化缘”是要不来的，中国企业必须意识到，只有掌握“从 0 到

1”的能力，才有可能成为规则的制定者、赛场的主导者，实现“弯道、换道超车”。

由于源创新是从无到有的实践，在这一过程中，难免会有争议，经济回报也不会即刻兑现。这就要求无论是市场空间，还是政策导向，都不妨带着宽容的态度，以面向未来的眼光，给新生事物一些时间，为创新模式保驾护航。

在源创新上，中国企业义不容辞、大有可为。走进新时代，中国市场每天新增 1 万余家企业，企业数量之多前所未有，传统企业谋求转型升级、互联网企业寻求前沿突破，源创新是有效路径。更遑论，中国经济已由高速增长阶段转向高质量发展阶段，高质量的本质就是创新；社会环境崇尚创新，创新资源投入持续增加……这一切，都为中国企业的创新提供了更多大河行船的机遇。

市场风口总在变化更迭，但源创新的价值及其为企业带来的生机与活力是持久的。通过撰写《源创新小典：未来企业的成长密码》，我们希望以开放的方式与众多企业共享理论成果、探索实践方式，共同努力解答好创新驱动发展的时代考题，助力中国的创新发展，这也是企业进行源创新的应有之义。

以此为序，期待更多创新道路上的行路者，一起进入源创新的世界，为你为我，为更多人的美好生活而勇毅笃行。

张力军

2018 年 7 月 10 日于北京

序言　扭转企业颓势的“神奇之手”

作为时下最热的话题之一，“创新”不断被身边的朋友们提起。尤其是在商业领域，在那些生死攸关的抉择当口，在那些濒临绝境的“至暗时刻”，创新所带来的“洪荒之力”，往往成为改变企业命运的“神奇之手”。

和朋友们分享两则小故事。大家都知道，在历史的不同时期，我们国家诞生过众多盛极一时的商帮。晋商、徽商、浙商、秦商、豫商……它们开拓了辉煌的商业文明，却又无一例外地重复着盛极而衰的命运。考察其成败得失，我们发现一个规律：兴起之初，它们除了有良好的政商关系，更有着符合时代的商业模式和创新。而不可避免地走到末路时，它们身旁往往站着一个改变了商业模式和规则的新商业群体。

比如大家耳熟能详的晋商。在平遥古城中心那条长 200 余米、宽 5.1 米的青石板大街上，曾经林立着十多家名声显赫的票号。在 19 世纪初，晋商票号采用股份制，有全国性的物流网络，一点不比当时的西方银行落后。到了 20 世纪初，新式银行在经营模式、价值创造上发生了根本性的改变，山西的票号却依旧沿袭着 100 年前的模式。当然它们也有创新，但充其量也只是一些流程优化、降低成本方面的改进。在新旧交替的大时代下，社会一发生动荡，山西票号很快就被新式银行淘汰了。

这是被竞争者的创新所击败的故事。如果你去非洲的索马里，你还能看到创新带来新业态，甚至改变地区面貌的案例。

因为长期战乱，索马里一度经济崩溃、海盗横行，许多渔民加入海盗组织。日本有一个名叫木村清的寿司连锁店老板，他发现店内的高价食用鱼——鲔鱼——的渔场就位于索马里外海。但因为海盗猖獗，鲔鱼产量有限。在大多数人对海盗避之犹恐不及的时候，他却主动找到海盗，向他们提议：当海盗还不如当渔民赚钱。他将自己的渔船借给海盗，教他们捕捉鲔鱼的技术，并且帮助他们安装冷冻仓库。除了提供技术支援，他还建立了产销渠道。于是，当地的海盗纷纷转行，做起了渔民。就这样，木村清的生意做得更大，索马里的一部分海盗也改变了生活方式，当地出现了久违的和平。

如果把晋商的失败和索马里海盗的转行这两个故事放在一起进行比较，你会发现，这其实是一个关于创新的“不同层次”的问题。

山西的票号沿袭着旧模式，充其量进行一些流程优化、降低成本的“小打小闹”式的改进时，新式银行已经用新的理念和认知体系，创造了关于货币流通的“新生态系统”。当索马里的渔民无以为生而成为海盗时，木村清通过提供技术支援和产销渠道，也创造了一个新生态系统，改善了自己的供货来源，同时还改变了海盗的命运。

在这种比较中，我们接触到一项新理论：“源创新”理论。“源创新”是斯坦福大学教授、企业创新转型策划大师谢德荪在研究中国企业创新和中国经济转型之后提出的新论断。根据“源创新”理论，20 世纪初的新式银行和木村清所做的创新，可以称为“源创新”，也就是着眼于开拓新市场、创造新价值、创造一个生态系统的创新。“源创新”是相对于“流创新”而言的。所谓“流创新”，就是着眼于产品改进、流程改进、提高产品质量、降低成本等价值链上的优化工作。

毫无疑问,“源创新”才是扭转颓势、改变企业命运的“神奇之手”。进行“源创新”的企业同进行“流创新”的企业竞争时，无异于“降维打击”。

2015 年,《冯仑风马牛》创刊，两年多的时间里，风马牛和朋友们分享过数以百计的商业故事，试图在探讨这些案例的过程中，和大家一起拓展生命体验，启迪商业智慧。回顾这些商业案例时，我们发现，这些案例所展示的成败得失，用“源创新”理论去考究，也能有很好的答案。关于商业领域的创新，“源创新”是值得深入学习和思考的理论。

现在，关于“源创新”理论的新著《源创新小典：未来企业的成长密码》正式出版，以大量的案例和生动有趣的漫画阐释“源创新”，破解企业在发展过程中的创新之道。我们把这本《源创新小典：未来企业的成长密码》推荐给朋友们，希望大家能从中获得新的启发。

《冯仑风马牛》

2018 年 6 月 17 日

源子你好。
张博士您好。
源子，你知道商业丛林中，最酷的东西是什么吗？
很好奇啊，是什么呢？张博士。
答案很简单，只有两个字：创新。
嗨，听得多了。
没错！创新最浅显却又最深邃。创新最常被提及，却又不是每个人都谙熟创新的内核！
是吗？那先去瞅瞅！

1 源创新原则

天下创新分两类：一则，科学创新；二则，商业创新。

科学创新是基于科学的原始发明创造，也称为始创新；商业创新则是创造社会价值。

张望西东

创新是天下最酷的武功。

这个武功又分为两大门派：科学创新和商业创新。（有没有很像“德先生”Democracy和“赛先生”Science呢？）

当今天下，马云、李彦宏、马化腾、雷军这些科技大佬都是善用这两大武功的顶尖高手。

源案例

“半亩方塘一鉴开，天光云影共徘徊。问渠哪得清如许，为有源头活水来。”

什么是始创新呢？

始创新是原始的科学创造，可以提供新的机会和可能性。这些可能性可以用在流创新里，也就是用新的创新性把现有东西的价值提高一点，但是这个影响力并不大，好在它的竞争力可以提高一点。它也可以用在源创新里，带动整个市场发展起来，超越原来的竞争力，打开一个新的创新局面。

大家知道火药是我们中国人发明的，火药本身就是始创新，但是谁最大化利用了火药呢？

是西方，尤其是英国。为什么呢？

火药是一个始创新，我们中国用在了流创新上。主要用于制造鞭炮、烟花，增加节日气氛，所以它的价值有限。

但西方将火药用于源创新。尤其是在两个方面：第一用在军火，第二用在开山。

这两个方面帮助支持了欧洲的第一次工业革命。工业革命需要什么？第一是资源，资源从哪里来？英国本土没有什么资源，只能用枪和炮从全世界将资源抢过来。第二是交通运输，用火药开山开路，运送物资。

西方将火药的价值最大化了，但在中国我们却用在了小小的地方。

什么是商业创新呢？

2018 年的世界首富是谁呢？没错，就是亚马逊（Amazon）的创始人杰夫·贝佐斯。1995 年电子商务网站亚马逊创立。仅用短短几年就发展为世界上最大的图书零售商，给传统书店带来了严峻挑战。基于互联网形成的新型商业创新的网络书店显示出强大的生命力与竞争力。Amazon 属于经典商业创新的例子。

科学创新是客观的，有对也有错，商业创新是要创造价值，而价值是主观的。你觉得有价值的东西，别人不一定觉得有价值；中国人觉得有价值的东西，美国人不一定觉得有价值，反之亦然。

张望西东

聊到这个话题，就得请出大家大学时期经常在书中神交的马克思前辈了。

“科学技术是生产力”是马克思主义的基本原理。1988年，邓小平同志根据当代科学技术发展的趋势和现状，提出了“科学技术是第一生产力”的论断。

科学，顾名思义是指正确反映客观现实，实事求是研究规律并用于改造客观事物的知识。研究客观规律（在一定条件下，必然出现的事情）应具备可重复、可检验原则。因此掌握规律就可以预测和改造客观事物。例如：经济学主要研究物质交换的本质规律，而不是经济现象。

开工厂批发货物

互联网产品公司模式
良X铺子

商业模式创新是为企业价值创造提供基本逻辑的变化，把新的商业模式引入社会的生产体系，并为客户和自身创造价值。通俗地说，商业模式创新就是指企业以新的、有效的方式赚钱。新引入的商业模式，既可能在构成要素方面不同于已有的商业模式，也可能在要素间关系或者动力机制方面不同于已有商业模式。

源解析

极致的用户体验是未来企业一切商业模式创新的源点。它的逻辑思考的起点是用户的需求，根据用户需求考虑如何有效满足它。商业模式创新即使涉及技术，也是和技术的经济因素、技术所蕴含的经济价值及经济可行性有关，而不是纯粹的技术特性。

中国手游用户有 5.2 亿，体育爱好者达到了 4.6 亿，这两个群体是高度重合的。有没有一款移动互联网产品通过极致的产品体验去满足这两个群体的需求呢？

基于这个思考，疯狂体育 App（手机软件）就应运而生了，既为体育爱好者提供了一个体育社区平台，也为游戏爱好者提供了一个纯粹垂直的体育空间。以游戏为载体，让所有人爱上体育。

一位足球名将和一部手机，
合并产出疯狂体育 App

商业创新可分为两类：流创新与源创新。

张望西东

地球有昼夜，硬币有两面。商业创新有两大门派。

源创新：着眼点是开拓新市场、创造新价值，构建一个生态系统。流创新：着眼点是产品改进、流程改进、提高产品质量、降低成本等价值链上的优化工作。

源案例

一代宗师苹果公司：通过设立 App 闭环生态系统，成功将硬件的销售变成了内容提供商的终端，这样苹果公司就变成了平台，让参与双方都正向互动，苹果公司大获成功。

富豪印刷机微软：为软件公司与用户搭建了生态环境，让自己的操作系统一直独霸天下。

不作恶公司 Google（谷歌）：通过免费搜索服务，将商业广告同潜在的用户连接在一起，创造了巨大的商业价值。

其实，这些公司都是一些平台公司，为相关成员提供了一个良好的生态环境，使其都能从中获得很好的回报，所以越做越大。

4

流创新是通过提高质量，使用新材料改进现有产品或找出互补性产品，改造生产流程，降低成本，提升效率等优化供应链管理，来增加市场份额，提升产品竞争力的创新。

“流”字是“开源节流”一词中“节流”的延伸，所以流创新是指能改善现有价值链的创新活动。开始的时候流创新空间会很大，但随着发展会慢慢缩小，因为这种创新很容易被复制，企业要保持优势需要不断地投入，但回报只会越来越少，因为这种创新很多人都会做，竞争激烈、产能过剩，都是不可避免的。

张望西东

流创新就像校园里的三好学生，但走出社会，面临的是动态变化的、不确定的环境。流创新的创新收益将会递减。解决之道是什么呢？流创新的同胞兄弟源创新即将出场……

源解析

关于流创新，西方学者也有一个类似的概念，称为连续性创新（Continuous Innovation），意思是这类创新会连续性地增加价值。一个产品的价值链是流创新的重点，参与流创新的成员大多是这个价值链中的成员，而且主要的市场是现有市场。

无论是价值链中哪一个环节的成员进行流创新，其增加的总净利润分配仍是下游取得最高，生产环节取得最低。在价值链某一环节的企业可用流创新来维持它的竞争力，它的净利润也会因创新而增加，但它的竞争对手会很快跟上并使其净利润随之下降。所以，不论在哪一环节，流创新带来的优势都是不持久的。要维持竞争优势，企业需要频繁地进行流创新，但这不仅会增加创新的成本，而且在同一环节经常进行创新活动会造成回报递减，由此所得的净利润也会逐渐降低。所以，在这一价值链中，不论是处于哪一环节的企业，即使经常进行创新活动，也会面临发展停滞和净利润下降的问题。处于生产环节的企业，通常因为巨大的竞争压力，净利润很可能会跌到接近于零，并因此面临很大的危机。

流创新的做法通常是已经认同了某个东西的价值，再增加好的做法，得到更多一点的价值。大家知道杯子是用来喝水的，我认同它的价值，我用它来喝水。如果增加它的价值，比如说我做一个不会烫手的杯子，还更漂亮一点，更便宜一点，它的价值再做好一点，这就是流创新。所以流创新可能是新的产品，即把这个产品再做好一点，也可能是降低成本，同样的东西我再做得便宜一点，也可能是供应链做好一点，使我的成本低、效率高，所有这些东西都是流创新的做法。

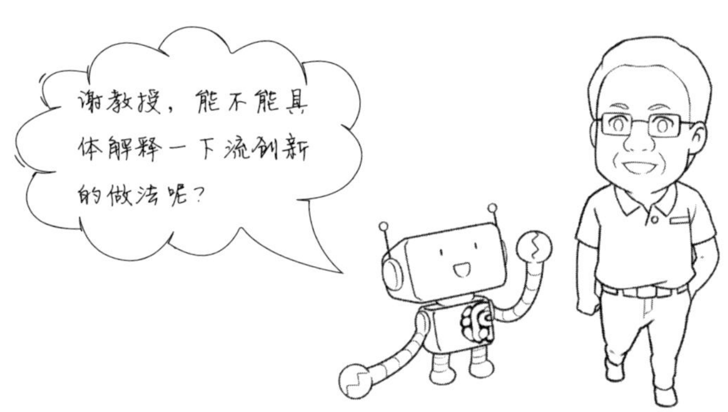

5

源创新是组合资源，创造新的社会价值，这种价值刚开始时不是大家都能认同的。因为使大众都能体验这种价值的配套体系还不存在，需要用源创新建立一个新的生态系统，提供使大众都能体验这种价值的配套体系，使这种新价值不断增加。这个“源”字寓意全新的开始，从无至有，正因为此，源创新活动需要触发及引导其他的经济成员联合起来，共同提供这种新的社会价值，而且它必然会开拓出新的市场。

张望西东

2018 年我在以“开放创新的亚洲，繁荣发展的世界”为主题的博鳌亚洲论坛上提出过这样一个理念：

中国企业应努力向价值链的头部奋进创新，形成“源创新”，促进诞生出更多真正属于本土企业的技术和理念。

中国企业的创新之路目前存在过度追求快速套现等短期行为，这种投机是在利用中国的庞大市场，对中国的创新环境实质上起到了负面作用。有些企业创新做的是“从 0 到 1”的事情，是理念、技术、模式的创新，而一些发展中国家的创新更多是“从 1 到 N”的简单复制，所以在创新的道路上，有的企业成了新理念、新模式的“诞生地”，有的则成了创新的“复制工厂”。后者短期内可能依靠人口红利实现迅速增长，但前者则能真正引领时代的浪潮，突破性地打造更优越的经济模式，形成源创新。

源解析

源创新在西方学界没有一个适当的翻译，只有比较接近的概念，称为破坏性创新（Disruptive Innovation）。意思是这类创新会产生新价值观并破坏现有市场，主要指新科技所带来的破坏性。例如硅芯片的新技术触发“每个人一台电脑”的新理念，破坏电脑主机市场，从而产生个人电脑的源创新；汽车的诞生使人建立了“汽车是一种比马车更方便的交通工具”的新理念而破坏马车的市场。但源创新所推动的新理念不一定由新科技触动，也可能基于人的新欲望。

不论新理念是如何被触动的，开始时大家对它不甚了解，而且很多人都看不到它的好处，因为很多可使人体验这种理念价值的条件都不齐全。例如：我们以前没有汽车，当汽车被发明后，汽车制造商便创造了一个新理念来推动汽车市场。“汽车是一种比马车更方便的交通工具”，这个新理念有价值吗？汽车刚发明的时候并没有很大的使用价值，因为没有公路。后来很多公路修建起来了，但汽车作为交通工具的价值还是有限的，因为没有加油站。后来石油公司建立了加油站，汽车可以从A地开往很远的B地，但是司机在中途需要休息和吃饭，于是快餐店发展起来了。所以，汽车作为一种交通工具的价值并不仅在于汽车本身，因为要实现作为一种方便的交通工具的价值，它的运行需要多方面的配合，我们称这种配套体系为汽车充分实现其价值的生态系统（简称汽车生态系统）。

6

科学创新包括新科技及新理论，它给我们提供新的可能性。企业可将它应用于流创新，用于流创新时可以让企业在一段时间内增加竞争优势，但不可持续。企业也可将它应用于源创新，在应用初期时价值难以计算，一旦成功，可颠覆性地改变市场，造福于社会。

张望西东

《晏子春秋·杂下之十》：“婴闻之：橘生淮南则为橘，生于淮北则为枳，叶徒相似，其实味不同。所以然者何？水土异也。”

新科技＋流创新，还是＋源创新，产生的效能不尽相同，却各有妙用，各循其法。善用流创新，则效果叠加。善用源创新，一旦成功，则会拥有呈指数级增长的核裂变式的能量。

源解析

流创新的基础是波特的价值链模型和五力分析模型。这两大模型是基于竞争的零和博弈。传统的企业家通过这两个模型制定适当的流创新战略，增加流创新能力，往往能取得成效。但流创新形成的优势并不可持续：持续的流创新会造成报酬递减而使公司陷入发展停滞的困境，最后就是价格战，拼个你死我活。

中国的许多大企业做过许多尝试以求突破自身的停滞状态，常用的方法包括重组、收购、开发新产品线、多元化等，但成功率并不高，因为这些都属于流创新战略。一个企业要想突破，用源创新成功的机会更大。

张博士，我要学源创新！
源子同学，不要着急。
流创新
源创新
我们先来学习创新界的双子星：**源创新**和**流创新**的辩证关系。
博士，源创新厉，还是流创新厉？谁厉害我学谁。
哈哈
源创新、流创新各有所长，不可偏废。
那我先学哪个呢？
源创新与流创新灵活妙用，则威力无穷。源子，走，带你去见识见识源流两位创新的世界。

2 双子星源创新与流创新的异同

流创新的思维是产品中心化，以产品及科技为主；源创新的思维是客户中心化，以建立生态系统及提供社会价值为主。

张望西东

目标决定行为！流创新的目标是二维的、单一的。源创新的目标是多维的、高阶的。

源解析

流创新是基础的，专注于产品改进、流程改进、提高产品质量、降低成本等价值链上的优化工作。

源创新是立体的，专注于开拓新市场、创造新价值，创造一个 WWW 模式（Win、Win、Win，三赢模式）的生态系统。

"流创新"站在加工生产线旁边正在计算怎么改进产品

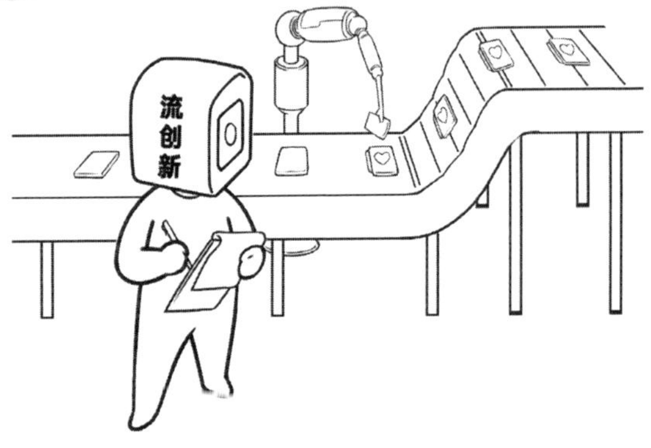

"源创新"和张老师、谢教授、源子一起开会讨论新市场

在流创新的思维中，先进的产品是企业最有价值的资源；在源创新的思维中，忠诚的生态系统成员是企业最有价值的资源。

张望西东

流创新的世界里，打造天下第一的产品便可所向披靡。但超级爆品是偶然事件，缺乏稳定性、持续性。源创新的世界是立体的、多维的、网状的。用户的黏性、忠诚度越高，这张网的价值就越大，这张网的生长边界就越宽，最终实现无界的共赢世界。

源案例

伊士曼柯达相机公司是流创新阵营的经典代表。依靠卓越的数码相机产品纵横四海。但在移动互联网时代，用户的需求变化在电光石火之间。

打败柯达的不是另一个流创新更强的柯达，而是苹果手机引领的智能手机浪潮。失去跨界视野的柯达只能咽下破产的苦果！

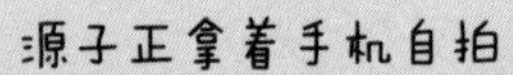

1975年发明世界第一台数码相机的柯达公司，自2011年起就多次传出破产消息。2011年，柯达股价跌幅超80%。2004年以来，柯达仅在2007年实现全年盈利，公司市值也从1997年2月的310亿美元降至2011年9月的21亿美元，十余年蒸发约93%。2012年1月3日，因平均收盘价连续30个交易日位于1美元以下，纽交所向柯达发出退市警告。2012年1月19日柯达提交了破产保护申请，此前该公司筹集新资金进行业务转型的努力宣告失败。2013年5月，柯达公司正式提交退出破产保护的计划，如果计划获批，该公司无担保债权人可获得重组后公司总值22亿美元的股份。当地时间2013年8月20日，美国联邦破产法院批准柯达公司脱离破产保护，重组为一家小型数码影像公司的计划。

流创新的重点是基于现有的市场，发挥自身的核心资源及能力，增加产品对客户的价值、降低成本、增加市场份额、优化供应链及管理；源创新的重点是以自身的核心资源及能力为支

点，组合新资源，建立有网络协同效应的新生态系统来实现一个新理念，为系统内成员提供流创新发展机会。开拓一个新市场，成员的流创新能力会加强网络协同效应，从而使该生态系统越来越强，生态系统的成员之间也互相得益而建立黏度更强的关系网。

一个源创新可以带动很多流创新的发展，会给很多人流创新的机会。

表 2–1　两种商业模式对比

对比项目	旧商业模式	新商业模式
价值给谁	下游客户	生态系统内所有成员
价值理念	产品中心化	客户中心化
创新形式	新产品、降低成本、优化供应链	引导合适成员加入，共同创新价值，建立及加强生态系统
创新持续性	报酬递减效应	生态系统不断强大

张望西东

流创新与源创新这对创新兄弟拥有不同的能力，并且相互赋能。善用两者，将幻化出惊人的能量。

源案例

海尔正在从一家传统的家电企业迭代成一家名副其实的物联网企业。物联网时代海尔的“人单合一”模式是流创新与源创新理念结合的经典应用。

“人单合一”的双赢模式可以理解为：“人”就是员工，“单”就是用户，“人单合一”就是把员工和用户连到一起。而“双赢”则体现为员工在为用户创造价值的过程中实现自身价值。

“人单合一”模式是精益生产的新发展，实质就是目标管理，将企业目标分解到各个订单上，将各个订单所承载的责任以订单的形式下发给相关员工，由员工对各自的订单负责。管理部门通过评价各个订单的完成情况对员工进行绩效考评。

而海尔 HOPE 平台则是海尔“人单合一”模式的重要基石。

在过去的封闭式研发中，用户和资源就像一条线段的两头，永远无法产生交集。也就是说，过去是先有创意再有设计，然后生产产品再送到市场去看用户的反馈，反馈信息传回来之后再去迭代升级。显然，这样封闭的研发模式已经不适合瞬息万变的互联网时代，最终的结果就是导致研发与用户脱节。

海尔 HOPE 平台打通了用户与资源之间的壁垒，让用户、企业、资源纳入同一个交互生态圈里，用户的需求可以直达资源方，而全球的创客、研发机构都可以无障碍地接入平台来满足用户的需求。

电脑出现闪屏问题时，海尔工作人员在电脑中能快速找到生产线上对此负责的生产处

世界各地的创客提供设计和想法给海尔 HOPE 平台，世界各地的用户提供需求给海尔 HOPE 平台

流创新的商业模式的基础是价值链，源创新的商业模式的基础是两面市场。

张望西东

传统商业零和博弈的时代已经过去，万物互联时代，谁能整合资源，打造生态型利益共同体，谁就将立于不败之地。

源解析

这里需要理解“两面市场”这个概念。在传统的概念里，企业只关注为客户提供价值，但如果一个企业在提供客户价值的同时，也将商户视为客户，满足其所需的价值并提供发展的机会，这个企业便是两面市场平台的搭建者。

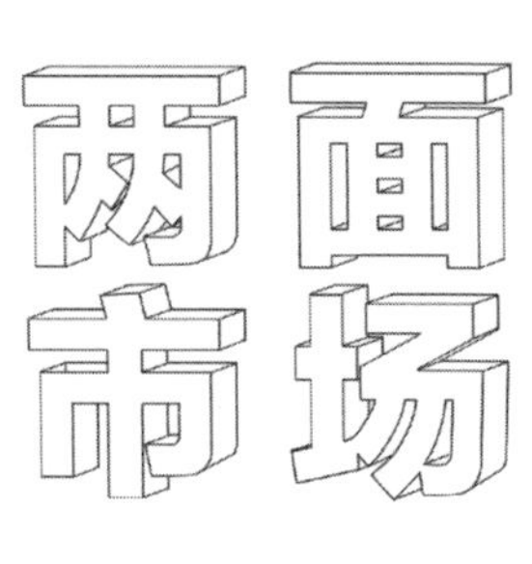

价值链模式中，企业对客户的认识局限于客户对企业出售的产品的需求。

但在两面市场商业模式中，企业需要更好地组合一

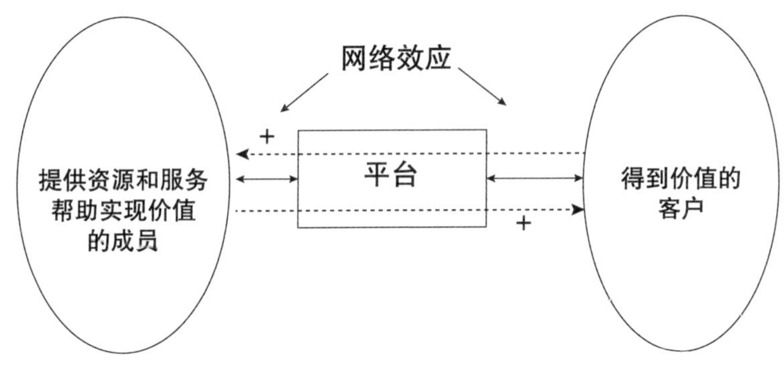

图 2-1　两面市场商业模式

面成员的资源及能力来为另一面市场的客户提供价值，所以必须对两面的经济成员都有透彻的了解。

两面市场的新理念关乎启发及满足其中一面客户的需求及欲望，这往往需要超越客户现有的需求。要建立一个新的生态系统才能实现这样的新理念，而这个生态系统至少有两条价值链互动而产生网络效应，所以两面市场模式是源创新的基础。

流创新的意图是先利己后利人，源创新的意图是先利人后利己。

张望西东

在源创新的世界里，基于先利人再利己的路径原则，建立一个良性的生态系统。所有参与源创新的成员将共同拥有先“利人”的精神。

源案例

在流创新的世界，生产一台功能手机，消费者只有支付足够多的钱，才能把手机带回家享受手机带来的通信体验。

在源创新的世界，生产一台智能手机，以成本价交付给消费者，消费者在手机上玩游戏、安装应用、阅读电子书时，商家都能获得收益。即先利他，再利己。

流创新的定价原则是争取利润，市场价格不能低于成本，客户付出多少便获得多少，有“羊毛出在羊身上”的意思；源创新的定价原则是平衡生态系统中的生态成员（包括平台）的利益，不同成员对利益的需求不一样，一些需要利润，一些则需要商机，有“羊毛出在狗身上”的意思。

张望西东

流创新的定价原则是显微镜下赚利润，看短期的、近距离的、当下的利润。

源创新的定价原则是拿望远镜赚利润，看共赢的、生态级的、规模化的、大的利润。

源案例

小米手机的生态打法就是“羊毛出在猪身上，狗买单”。

为“米粉”（小米粉丝社群的统称）提供极致的产品体验，但只收取一半的价格。以此来吸引广泛的米粉用户，再以投资小米生态链或自营产品的方式，扩充产品品类。经营小米电视、笔记本电脑、充电宝等，形成源创新的生态系统。

流创新关注产品，所以是专注自身的企业；源创新关注生态系统的成员，所以是跨行业、充满未来感的企业。

张望西东

流创新是产品为王，源创新是用户为王。产品只能满足用户一阵子，陪伴用户则可能是一辈子。

源案例

移动互联网时代，打败你的都是看不见的对手。为什么？因为天变了，用户变了。产品满足用户欲望的时间越来越短，黏住用户的时间也越来越短。而只有创造一种可持续的生态系统，黏住用户，洞察用户的需求，并组织生态平台上的资源满足用户，才能形成永续的发展，破解企业发展滞阻的痛点。

企业在面对停滞时，若有好的流创新基础，可以推动源创新，为他人提供流创新机会，组合他人流创新的能力来加强自身源创新的推动，从而取得突破。

张望西东

流创新与源创新，相辅相成，不可分割。流创新是源创新的水，源创新是流创新的舟，两者结合起来，整个生态就会越来越强大。

源解析

是不是移动互联网时代，每个人都要去创建一个源创新驱动的平台型企业呢？答案是否定的！

如果你是一家源创新驱动的平台型企业，你可以吸收更多的流创新匠心单元，完善生态平台。

如果你是一家擅长流创新的匠心单元，你可以加入一个正向循环的源创新驱动的平台，创造价值。

新科技的流创新是应用新科技改良产品功能或生产流程；新科技的源创新是用新科技带来新的可能性，推动一个新理念价值，基于一个美好的愿景，致力于引导他人提供适合的配套体系，建立新生态系统来实现该新理念价值。

张望西东

“互联网+”提了好几年，也做了很多年。新科技是一切“+”的基石。新科技+流创新=产品或流程进化。新科技+源创新=新的市场。

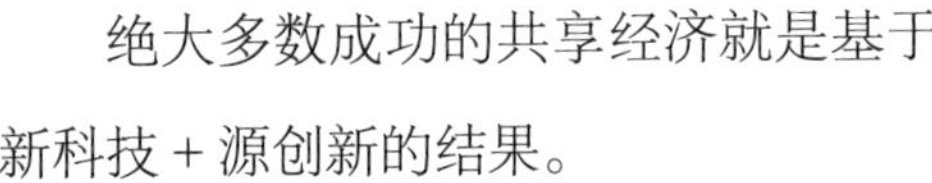

绝大多数成功的共享经济就是基于新科技+源创新的结果。

源案例

4G网络、智能手机的普及，以及物权观念的进化催生了共享经济。汽车共享和房屋共享催生了巨型独角兽公司Uber（优步）和Airbnb（爱彼迎）。成功的共享经济是源创新的典型范式。

10

流创新是点的优化，重点提高对客户的价值；源创新是面的优化，重点提高对生态系统中成员及平台的总价值。

张望西东

点、线、面是构成几何图形的基本要素。点是面的要素，面是点的呈现。流创新重局部优化，源创新重整体价值。

源解析

苹果公司不断投入研发，推出芯片处理能力更强、屏幕更高清、尺寸更大的 iPhone 手机，是对点的优化，意在改善用户的手机体验，这个行为是流创新的具体表现。

谷歌公司推出了多样化的衍生产品，例如谷歌地图、谷歌学术、Dropbox（多宝箱）等，纯粹为了增加客户黏性和体验，而非营利，从而增加平台的聚合能力，完善生态系统。为用户创造更多的生态系统内的一致性体验，这是源创新的表现形式。

，源创新好
害，流创新
有妙用。
看来，源子同学已经初窥门径了。
我这么聪明好学的宝宝，哼。
不能骄傲哟，考考你。你知道**源创新战略**该如何实施吗？
这个……
明代哲学家王阳明有一个哲学理念叫：**知行合一**。
唯有脚踏实地，将源创新战略精准实施，不断进行源创新，动态管理才能发挥效用。
记住了，谨遵张博士教诲。

3 源创新该怎么做

源创新是推动一个新理念价值的实现，从而提供社会价值。我们可以把所有成员分为两类团体：第一类团体是这个新理念价值实现的直接得益者，第二类团体是能够帮助这个新理念价值实现的提供者。源创新推动者通过平台，用自身的核心能力把这两个团体连接起来，有效平衡两个团体的利益，促成网络成员的协同效应。很自然地实施源创新战略，其基础是两面市场商业模式。

张望西东

如果我们把时间的维度放到近 20 年，空间的维度放置到全球，我们就会发现不管是 Uber、Airbnb、阿里巴巴、淘宝、第一视频、优酷，还是最近流行的抖音、快手，都是在一个既定的轨道上快速飞行。这个轨道就是源创新驱动的平台，其基础就是两面市场商业模式。

源解析

两面市场的新理念关乎启发及满足其中一面客户的需求及欲望，这往往需要超越客户现有的需求，要建立一个新的生态系统才能实现这样的新理念，而这个生态系统至少有两条价值链互动而产生网络效应，所以两面市场模式是源创新的基础。如果两个竞争企业，一个是采用价值链商业模式来建立流创新战略，而另一个是采取两面市场商业模式来建立源创新战略，那么胜利者必然是采用两面市场商业模式的企业。

源创新刚开始推动一个新理念价值时，这个新理念可能不会被很多人接受，一是很多人在刚开始看不到，也不能完全理解这个新理念价值，二是这个新理念价值与大众已认同的价值有认知冲突，三是很多能使这个新理念价值得以实现的配套体系尚未完善，因此很多人都不能体验出其中的价值。源创新战略的实施，开始是要在这两类团体成员中，找到对这个新理念价值认同的小群体，以他们为切入点，用自身的核心能力，建立网络成员间的协同效应，使已加入的成员各自得到利益。已加入的直接得益者会要求更多价值，这也为已加入的价值提供者带来商机，而且也会吸引新成员加入提供新配套体系，使更多人能体验这个新理念价值，这会使第一类团体的成员给第二类团体的成员提供更多商机，形成滚雪球的协同效应，使更多人理解并认同这个新理念价值，也吸引更多成员加入。这会使生态系统呈指数级增长，大众也慢慢地放弃旧的理念价值，而认同新理念价值，这会颠覆性地改变市场，造福社会。

张望西东

短短 8 年时间市值百亿美元，小米是如何做到的呢？小米内部有一个特别响亮的口号，就是“因为米粉，所以小米”。小米是一家用户驱动型的公司。小米早期依靠 100 个天使用户起家，这 100 个用户有个特别有温度的名字：梦想赞助商。

他们就是源创新中的首批价值认同者，而随着越来越多的梦想赞助商加入，互助的生态变得越来越健壮，网络协同效应开始形成滚雪球效应。

“小米”手机站在中间拉着旁边人的手，陆续有人加入他们

源案例

亚马逊的创始人兼首席执行官杰夫·贝佐斯拥有的财富价值近1320亿美元，这让他在2018年一跃成为世界首富。杰夫·贝佐斯在走向非凡成功的过程中，即使别人怀疑他，他的信念也依然坚定不移。

“我告诉人们的一件事是，如果你要做任何新的或创新的事情，你必须愿意被误解，如果你不能接受被误解，那么为了善良，不要做任何新的或创新的事情。”

例如，当亚马逊首次允许客户发布书籍评论时，利益相关方则反对这一新想法。

“20年前我们第一次做客户评论时，有些图书出版商对此并不满意，因为有些评论是否定的，所以当时这是一个非常有争议的做法，但我们认为它是正确的，所以我们坚持自己的立场，并且对此深有感触，一直没有改变。所以当你以新的方式做事时，如果顾客采用新的方式，那么老练的老练者不会喜欢你。”

3

推动源创新，刚开始时经济回报不明显，需要经过一段时间才有明显的经济回报。在早期，领导层要有信心，能坚持，克服内外部的困难和阻力，通过取得初步的小成功，认证这个新理念价值。所以推动源创新需要一个有宏伟愿景的新理念，这个理念的实现能造福社会大众，这个理念能给领导层信心和支持。在取得初步成功后，扩充成员的方法，是以小部分得益者作为支点，说服和引导与得益者有关联的群体。随着价值观相近者加入，不断重复这个过程。这个能造福社会大众的宏伟愿景会增加说服力，加快波及大众的速度。

张望西东

硅谷有个特别流行且时尚的融资方式，叫作电梯演讲。意为投资人的时间有限，创业者需要在短短6分钟之内，向投资人讲清楚自己的创业项目。这个过程实际上就是销售个人和销售梦想，建立信任的过程。因为再伟大的投资人都不可能在6分钟之内

了解你所有的创业经历。这就要求每一个源创新创业者首先是一个梦想家，然后是个优秀的沟通者。当然扎实的创业功力和优秀的团队是最后圆梦的关键。

源案例

比尔·盖茨是伟大的创业家、梦想家和实践者。比尔·盖茨21岁时的梦想就是“在每个家庭、每张办公桌上都有一台计算机”，现在他的梦想实现了。

比尔·盖茨曾在一次主题为“释放你的创造力”的演说中提到：“30年前，我和朋友保罗·艾伦创办微软时，我们幻想实现‘在每个家庭、每张办公桌上都有一台计算机’，这在大多数计算机体积如同冰箱尺寸的年代，听起来有点异想天开。但是我们相信个人电脑将改变世界。今天看来果真如此。30年后，我仍然像上七年级的时候那样为计算机而狂热着迷。我相信计算机是我们用来满足好奇心及发明创造的最神奇的工具——有了它的帮助，甚至是最聪明的人凭自身力量无法应对的难题都将迎刃而解。计算机已经改变了我们的学习方式，为全球各地的孩子们开启了一扇通向大千世界的知识窗户。它可以帮我们围绕我们关注的事物建立‘群’，让我们和那些对自己重要的人保持密切联系，不管他们身处何方。”

4

源创新战略的实施不是详细的计划分析，而是实事求是，摸着石头过河。新理念价值要在事实中取得认证，必要时需要调整，使之能得到更多人的认同。在实践过程中，摸着石头过河，在获得小成就后才能顺势发展。源创新战略实施的最大阻力来自那些有根深蒂固旧理念的人，他们觉得对这个新理念价值的认同会给他们带来很大的损害，因而会尽全力来阻止这种新理念的普及。阻力可能来自内部的员工，也可能来自外部的成员，旧理念生态系统的支持者是推动新理念价值的最大竞争者。源创新的推动者不能直接与强大的旧理念生态系统支持成员正面对抗，而是要以小部分不满旧理念价值的成员为切入点，用两面成员的雪球滚动协同效应来建立一个与旧理念完全不同而且更强大的生态系统，同时用已加入的成员及宏伟的愿景为支点，改变旧理念支持者的思维，来减少甚至化解内外的阻力，使他们也加入新的生态系统，而取得草根层面的大众支持。推动源创新的，不是高评估，而是宏伟愿景能给社会及全球带来的价值，评估是否值得做。

张望西东

这些年我见过不少优秀的成功创业者，他们给我最大的感受就是，财务自由已不再是他们的唯一目标。“改变十几亿人的生活方式”，这是他们眼中透露出来的坚毅与愿景。这些优秀的成功创业者，早已将社会责任与使命感植入自己的内心。唯有如此，才能成就传奇。

源案例

联想是中国杰出的公司，是具有国际知名度的中国优秀的品牌。但是这些年，联想经历阵痛，连续错过移动互联网的浪潮，智能手机业务在中国发展不顺，市场占有率小。

尽管联想的高层大声疾呼：你们这些人，用铁榔头敲都敲不醒。

但事实上，联想手机业务仍未能得到改善。抛开外部环境的因素，联想最大的痛点、难点首先在内部，在推动多业务的生态平台时，要与强大的旧理念生态系统支持成员正面对抗，从而无法通过源创新思维突破。众所周知，联想是 PC（个人电脑）领域的领军品牌。PC 时代根深蒂固的旧理念和旧成员，与移动互联网时代的节奏和理念形成对抗与互斥。

源子拿着一部智能手机在向另一部型号老旧的手机招手，老旧手机想要靠近源子，它后面有人在拼命拖拽住它

联想如何破局呢？

联想的管理层需要通过源创新理念的支持者和推动者，用两面成员的滚雪球效应建立强大的生态系统，有一定成效后再组合新的资源加入，继续做强生态系统，进行价值升级，经过几次升级就有机会成功。可以说，源创新的竞争是新理念与旧理念的竞争，所以思想工作在很大程度上决定了成败。重点是解放大众的思想，发挥大众的潜力。

在建立新生态系统的同时，源创新平台要着力于加强与已加入成员的黏度。对消费者成员，最好的方法是建立一个平台，通过这个平台组合外部资源满足这些消费者成员日常生活的需求，这包括信息、社交及交易的需求。对商业成员，最好的方法是建立另一个平台，通过这个平台帮助它们找到新商机，增加它们在市场的竞争能力，以及提供更多流创新机会。

源子分别指挥不同的人站到两个不同的区域，一个是商业成员区域，一个是消费者成员区域

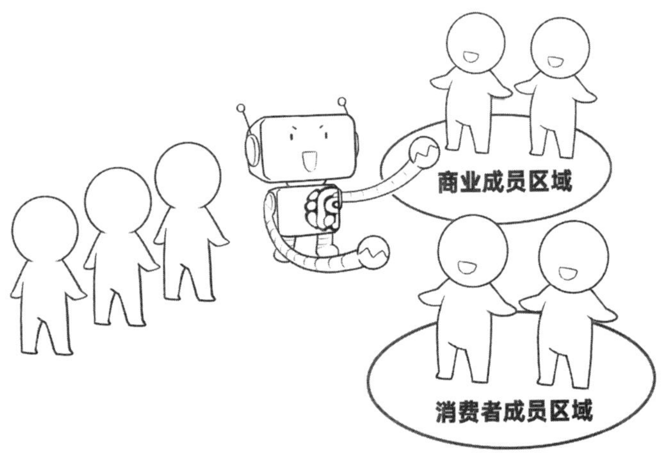

张望西东

不管是百度、阿里巴巴还是腾讯，不管原来是做信息、交易还是社交，你会发现它们变得越来越像。道理很简单，就是它们需要成为用户的生活空间。我们习惯把用户称作消费者，实际上，这是个错误的观念，每一个消费者都有一个更加鲜明的

身份——生活者。而作为供应生活空间的网络巨头，它们必然要满足用户对信息、交易、社交这三个本能的、高频的、刚需的生活需求。而拥有了生活者的黏度之后，在 ToB（企业端），百度的凤巢系统、腾讯的广点通、阿里巴巴的中国供应商等服务形成了一个成熟的生态来服务商业成员，帮助它们更加轻松、简单、快速、安全地获得商机。

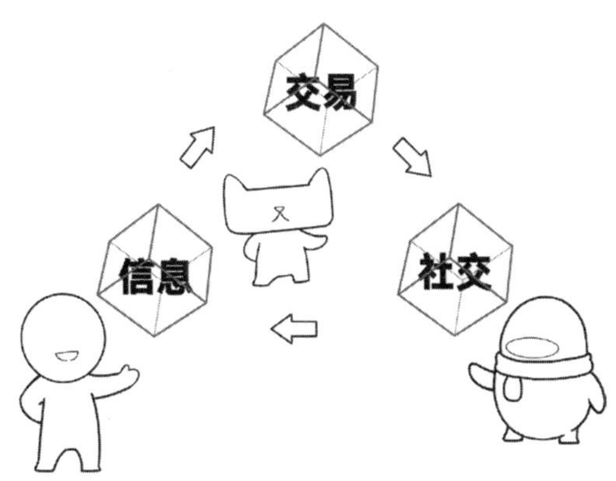

源解析

免费是互联网公司常用的策略和打法。其目的是推动源创新在初始阶段快速地吸引用户，形成一个早期的生态系统，继而建立和用户的连接与黏性。我们可以举很多免费的例子，例如 Google 的搜索服务是免费的，Facebook（脸书）的社交网络服务是免费的，淘宝早期开通网络商店、发布商品是免费的［淘宝以此战略打败了当时进入中国市场的国际电子商务巨头

ebay（易贝）]。当用户喜欢、习惯互联网提供的服务，黏性便产生了。为了更好地运营和服务原有的用户，社区的概念开始形成，于是有了信息、交易、社交的配套基础设施和功能。

商家希望接触庞大而有价值的用户社群，这个时候互联网公司可以推出自己针对服务商户而设计的系统，帮助它们构建友好且不过分干扰用户的新生态系统，提供给它们更多流创新的机会。

这样一个滚雪球的源创新生态系统便逐步成长起来，而且会更加健康、有序、友好。

当一个企业因收益递减而发展停滞时，以源创新取得突破是唯一能使企业持续发展的途径。企业不是放弃停滞的业务，而是推动一个比现有业务价值更高一层的新理念，从支持企业的生

态系统成员中找到恰当的切入点，认证新理念价值。用两面市场商业模式，引导新的成员加入，用自身的核心能力，建立新成员与旧成员的网络协同效应，使新生态系统增长，犹如滚雪球，实现指数级增长。企业旧的生态系统是新生态系统的引发点，通过源创新，企业把原有的生态系统扩大成新的生态系统。很自然地，企业也开拓一些相关但不同的业务，这些新业务与旧业务之间，也会有协同效应，旧业务会因新业务增加竞争力，增长业务的生命周期；新业务因有旧业务的支持，风险比较低而且发展会比较迅速。

源子、张博士、老板一起谈论源创新、两面市场模式、思维理念

有人拿手机网络直播厨师做菜，点赞人数不断，老板开心地准备计划加盟店

张望西东

企业家要常跨界但也要有边界。跨界跨的实际上不是业态，而是思维和理念。源创新的理念和方法论实际上是建立生态系统的办法，让原有业务产生更高的价值，组合相关的资源建立生态系统，帮助更好地实现这一价值，让参与者受益。这是破局当下很多企业家存在转型焦虑症的法门。

源案例

中国大部分企业尚处于价值链的制造环节，因此从低到高的转型方式并不能引导它们突破阻滞，也不能解决中国经济发展面临的根本问题。

一个企业想突破它的困境，不能只是改善现有的情况，因为报酬递减规律决定了这样做并不能给企业带来突破，转型是唯一的办法。

一个企业之所以会面临危机，主要是因为它的核心资源及能力在原有理念上已经难以起到增加价值的作用，所以再发挥它的核心资源及能力也不会改善企业的情况。

现在中国制造业都在采用价值链商业模式来建立流创新战略，我认为这些企业都可以转而采用两面市场商业模式，通过建立源创新战略来完成转型。要加速转型，最好是能趁势——当他人正在推动一个源创新时，你最好能善用你的核心能力，帮助推动这一源创新。

我常与中国地方官员及企业家交流，大家都认为中国经济要持续增长，企业转型是当务之急。在很多人心目中，企业转型是指从低回报的行业转到高回报的行业。当前最普遍的想法是进入高新科技行业，例如很多地方鼓励当地企业进入新能源产业。问题是，中国企业的发展往往由当地政府引导，当某一产业成为热门时，很多地区的政府都鼓励发展这个产业，导致大批企业同时进入同一产业。然而这些新兴市场还没有强大的生态系统来支持它的需求，便有很多企业抢着进入，于是很快便导致产能过剩，利润率也随之下降，因此产业失去了最初的高回报率。再者，新科技的市场主要还是在美、欧和日本等国家和地区，中国大部分企业尚位于价值链的制造环节，因此这样的转型方式并不能解决中国经济发展面临的根本问题。

题板上写的高回报行业，但是下面的图表却是递减状态，企业家很苦恼

大企业如联想、TCL 等做了许多尝试以求突破它们的停滞状态。它们常用的方法包括重组、收购、开发新产品线、多元化，但都不成功。可以说转型与突破是异曲同工，一个企业转型的目的是以此突破它的停滞，而一个企业要想突破它的困境，不能只是改善现有的情况，因为报酬递减规律决定了这样做不能给企业带来突破，转型是唯一的办法。

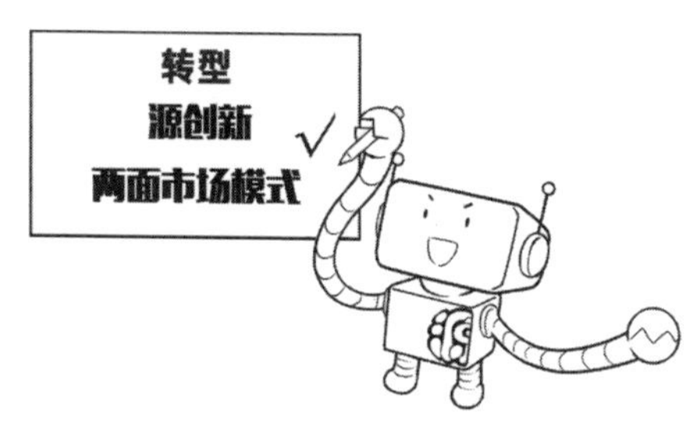

张博士，我已经迫不及待想开始实战了。
源子还是个雷厉风行的实干家呢，真棒！
张博士，上一章讨论的是战略，偏“道”层面的知识，具体实战中您有偏“术”层面的工具和技术吗？
??
看来源子学得很快嘛，这是个好问题。
这一章，我们就讨论谢教授的秘密工具和技术。
我已经迫不及待了。
哈哈
那就一起来吧。

源创新 hands-on 搭建

有创意的模仿：模仿已成功的源创新商业模式，创造相似的新理念价值给不同生态系统的成员。

跨时代的有创意的模仿：以前成功的源创新平台提供过某些理念价值，把这些理念价值的关键概念应用到现在，结合现代的科技产品，创造新平台，使用户能体验相似价值。

快递源子把快件送上门

外卖

外卖源子把美食送上门

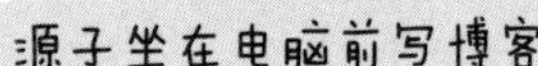

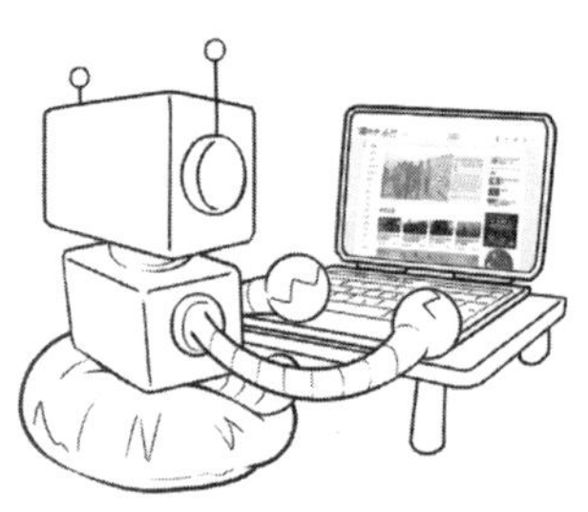

源子用智能手机刷微博

张望西东

创新是一项高风险的商业活动。如何轻松、简单、快速、安全地建立源创新平台，有创意的模仿是个实操性极强的方法论。

源案例

iPod 是网络时代的随身听，支付宝是互联网时代的信用卡。跨区域的有创意的模仿，是指把某些地区成功的源创新平台提供的某些理念价值的关键概念应用到不同的区域，结合当地特殊的文化、政治、社会及经济环境创造新平台，使当地人民能体验相似价值。比如，BAT（百度、阿里巴巴、腾讯）。

跨行业的有创意的模仿：把某些行业成功的源创新平台提供的某些理念价值的关键概念应用到不同的行业，结合该行业的特殊情况创造新平台，使该行业的生态系统成员能体验相似价值。例如：麦当劳的关键概念是帮助加盟者成功，主要利润来自租金，这是“羊毛出在狗身上”的概念，可把这个概念应用于不同行业，做成跨行业的有创意模仿。也可以相互混合，如跨行业＋跨区域、跨行业＋跨时代等。有创意的模仿风险比较低，因为已经有成功的源创新商业模式可作为参考，有助于摸着石头过河。有创意的模仿与源创新是没有冲突的。

以新科技的新可能性来推动美好的源创新。

张望西东

为什么共享经济的爆发出现在 21 世纪的第二个十年呢？最核心的驱动力就是移动智能终端设备的普及。计算性能越来越强的移动智能终端这一新科技让源源不断的源创新生态系统诞生。比如 Uber、Lyft（来福车）、滴滴、Airbnb 等。

张博士拿着智能机在查询住房和用车等信息

源案例

硅谷新科技的发展大多采用这种方法取得成功。新科技带来的是信息传播、交易及新企业运作的可能性。用新科技带来新可能性的企业，可以此作为支点，推动一个可以在感性层面触动人心的理念价值：生活将因此变得更美好！但它的真实价值并未被明确。开始时一部分人因新理念的“酷”而加入，源创新推动者要引导更多能使大众体验这一美好新理念价值的成员加入，形成滚雪球的协同效应，建立强大的生态系统，使这些美好的新理念成为大众的刚需。个人电脑、互联网、智能手机在开始时被大家看作美好的、将来的想象，现在都是很多人生活中不可缺少的刚需品。

以纵向组合来推动源创新平台：如一个企业已掌握下游资源，它可以用平台来帮上游找新商机，组合上游资源来做成规模经济，给下游提供更多价值，使下游更忠诚，吸引更多下游加入，这也加强了组合上游资源的能力。如一企业已掌握上游资源，它可以用平台组合下游资源来做成规模经济，使上游能降

低成本，这也给下游提供了创新机会，增加上游商机，使企业更好地掌握上游资源。如一企业能掌握上下游资源，它可以用平台组合上下游资源做成上下游的协同效应。根据波特五力模型，垂直整合是降低供应商和顾客议价能力及降低交易成本的一种方法，这是流创新思维。纵向组合的关键思维是，帮助上下游的创新发展，这是源创新思维。

张望西东

源创新的世界里，零和博弈已死，共创共赢永生。

源案例

两面市场商业模式是源创新理论的重要基础。

一个产品的价值链分为上游与下游，企业从上游开始，在价值链中的各个环节为产品增加价值，当产品送到顾客手中时，顾客所获得的价值是增加价值的总和，也就是说价值链中的“产品价值”是从上游流到下游的过程中增加的价值总和。

如果我用“下游”代表接受企业所提供价值的客户，而用“上游”代表为企业创造客户价值而提供资源的商户，那么这个企业的价值链就有固定的上下游，这是价值链商业模式。在传统的概念里，企业是为客户提供价值的，但如果一个企业不

只关注给客户提供价值，同时也关注给商户提供价值，这时，企业便面对着两面市场的客户，我把这个称为两面市场商业模式。这个模式没有固定的上下游，企业是两面市场之间的平台，有时候右面是下游而左面是上游，而有时候左面是下游而右面是上游。价值链战略的着眼点是组合上游资源及能力来给下游提供价值，而两面市场战略的着眼点是组合一面市场成员的资源及能力来为另一面市场的客户提供价值。

当右面是下游而左面是上游时，作为平台的企业组合左面的资源及能力，给右面提供新价值，使右面客户量增大，同时左面资源增加；而当左面是下游而右面是上游时，作为平台的企业组合右面的资源及能力，提供新价值给左面，使左面客户量增大，同时右面资源增加。两面市场通过企业平台实现相互作用，并达到双向的正面反馈，使两面的客户数量及资源量上升，建立起一个不断加强的生态系统。

三星公司是一个流创新很强的源创新公司。

从 1993 年开始，三星便开始研究终端消费者的需求，以设计符合消费者需求的高质量产品，以此来建立自主品牌。因为它的半导体及 LCD（液晶显示器）产品都是个人电脑的主要元件，当个人电脑普及，三星也从这两个产品中获取巨额利润，这也给三星投入半导体及 LCD 的流创新——提高质量及降低成本——提供了条件，同时三星也开始开发多种以数码产品为根基的电子产品，而半导体及 LCD 都是这些产品的重要组件。

但三星电子公司不是一个纵向结构公司，它的半导体产品不只供给自己的电子产品，同时也卖给自己电子产品的竞争对手。它的半导体产能也提供生产外包服务，它的 LCD 也不只供应自己的电视机、个人电脑、智能手机及其他电子产品也卖给其他有相同产品的公司，这样一来它起到了组合下游资源的作用，做成了半导体及 LCD 生产的规模经济。

三星通过一连串的收购、始创新、流创新，支持已发动的源创新，建立了两个强大的业务团，一个业务团包括电视、电脑、通信终端及消费电子产品，而另一个业务团是半导体及显示元件与组件产品。这两个业务团有正向网络效应，因此每个业务团的流创新会增强三星的“领导数码革命”源创新理念价值。这样的业务结构，可使三星电子公司对它的竞争对手都很了解，适当时，借它们的力来帮助自己发展，同时也建立有创意的模仿能力来达到后发制人的优势。

以横向组合来推动源创新平台：当企业通过现有业务建立一个生态系统后，可建立另一个新平台，组合不同行业来满足生态系统内成员的需求，增加成员的黏性，这包括信息、社交、交易及买卖的需求。在平台上通过不同的价值链形成一张价值网，提供多样价值给生态系统成员，通过这些成员，吸引更多与他们认识和关系良好的成员加入，他们的加入可帮助现有业务发展，扩张原有的生态系统。

张博士托起一个平台，上面有很多人在自由聊天、交易

张望西东

过去的竞争是产品对产品，服务对服务的竞争。未来企业的竞争是价值网对价值网，生态圈对生态圈之间的竞争。

两个蜘蛛正在织网，网大的上面已经有很多飞虫，蜘蛛也很开心，网小的上面很破烂，一只飞虫也抓不到，蜘蛛很苦恼

源解析

在消费者倾向多平台的情况下，开始时的战略是快速建立规模，规模形成之后，战略应转为增加平台在客户心中的分量，增强黏性。

当一个两面市场的网络效应越来越小而导致发展停滞时，突破的方法不是在原来的理念上增加价值，而是以其中一面或整个系统为支点，建立另外一个商业平台，推动一个全新的理念价值来建立新的两面市场。

源子拿着手机正在思考
用美团外卖还是饿了么

如果两个相互竞争的企业，一个采用价值链商业模式来建立流创新战略，另一个采用两面市场商业模式来建立源创新战略，那么胜利者必然是采用两面市场商业模式的企业。但如果两个企业都采用两面市场商业模式，而且两面的客户都在同一市场分段，那么这就形成了两面市场平台的竞争。在价值链商业模式的竞争中，我们注重的是产品功能、外观、质量、生产成本、市场渠道等，在两面市场平台竞争中，要注重什么呢？

在平台竞争中，主要战略是如何以自身的核心能力及资源有效地组合一面的能力及资源，来满足另一面的需求，以此产生两面正向的网络效应，而推动平台呈指数级快速发展。所以，首先发展成足够规模的两面市场的平台，虽理应雄霸市场，然而在商业历史中，有些案例中只有一个平台雄霸市场，但更多的案例是有多个平台共享市场。

以业务组合来推动源创新平台：企业可通过合并收购相关但不同的业务，建立业务间的协同效应，加速相关业务滚雪球式的共同发展，做成用业务组合来推动的源创新平台。

张望西东

合并收购的本质是用钱买时间。时间是移动互联网时代最贵的资产。

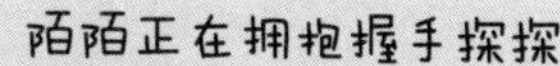

源案例

谷歌通过并购围绕谷歌云的公司建立更深入的企业业务，构建动态管理的源创新平台。

2018 年 5 月谷歌选择了一家来自 Palo Alto（帕罗奥多市）的初创公司 Cask Data，该公司专门构建基于 Hadoop（分布式系统基础架构）的大数据分析服务的解决方案。

而在此不到一周前，谷歌刚刚收购了 Velostrata——这是一家来自以色列的创业公司，可帮助企业在云环境和混合环境中迁移并运行数据、应用和其他 IT（信息技术）功能。

此波操作后，谷歌加速谷歌云业务雪球式滚动发展，并与其他业务产生协同效应，推动源创新平台。

张博士，近来小伙伴们都在关注国际贸易摩擦，如何解题呢？
源子同学，何必惊慌。解决修昔底德陷阱，平衡国家、区域发展，源创新世界里有神秘锦囊。
锦囊
是何锦囊，张博士？
随我来……

5 源创新将你与世界联结

背景案例

古希腊历史学家修昔底德认为，一个新崛起大国必然要挑战现存大国，而现存大国也必然会回应这种威胁，所以，战争是不可避免的。如今，世界范围的战争是不可能的，但贸易摩擦则完全有可能，当现存大国感到新崛起大国

对它的主导地位有威胁时，现存大国很有可能会通过贸易摩擦来压制新崛起大国的发展。那么新崛起大国要如何化解呢？强大的现存大国往往会有流创新思维，新崛起大国作为后来者，不能以流创新思维与它硬碰硬，而要以源创新思维与它过招。重点是不要在它主导的领域硬拼流创新，而是以源创新思维，以自己能掌握的科技为支点，打造一个与它不同的强大生态系统，开拓它未能占领的新市场。

由于核心技术受制于人，很多企业会对核心技术投巨资，这是流创新思维，过度推动和宣扬不但会导致投资浪费，还很可能会触动现存大国，使其感到威胁。

给我们的提示是，在没能掌握关键核心科技时，企业不要依靠它来设计新产品，更不能直接以流创新来建立竞争优势，而要以源创新思维来建立竞争优势。信息技术企业应该以源创新思维，找到源创新战略来推动未来的发展。如果不能掌握产品需要的关键核心元件，它的竞争优势就不要建立于用最先进核心元件的产品，而要建立于以源创新战略开拓的强大生态系统。

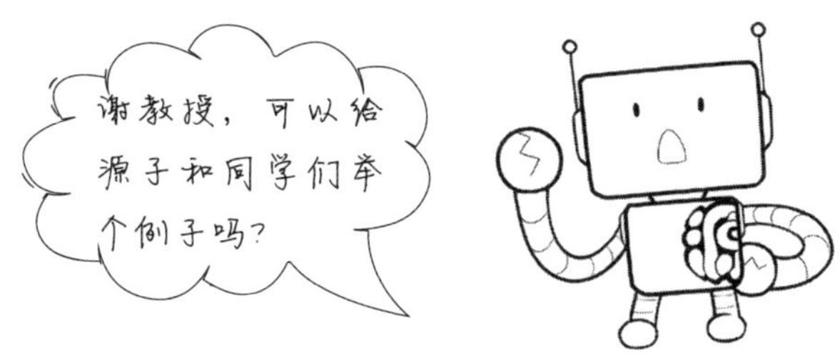

1954 年第一部主机在美国问世，当时的主机公司都要有自己的逻辑芯片，自己的操作系统，自己的应用软件。1955 年晶体管的发明人之一威廉·肖克利，搬回 Palo Alto（帕洛奥托），开始自己固态器件的晶体管创业，帕洛奥托与斯坦福是两个相邻的小城市，斯坦福大学聘请威廉·肖克利为教授，威廉·肖克利帮助斯坦福大学成为美国第一所拥有制造硅器件生产线的大学。这是半导体产业的开始，最先是小规模定制的芯片，后来是标准化芯片的大规模生产。第一个产品是内存芯片，主要客户是主机公司，当时内存芯片的领头羊是英特尔，它最大的客户是 IBM（国际商业机器公司）。

1975 年，第一部个人电脑面世，建立在英特尔 8080 微处理器产品上，当时内存芯片是英特尔的主要产品，8080 微处理器只不过是它不重要的产品。早期个人电脑初创公司都是以流创新来竞争，1977 年 Apple II 成为个人电脑的领头羊，促使 IBM 在 1981 年进入个人电脑市场。为求快速进入该市场，IBM 采用全新的商业模式——用现成的英特尔 8086 微处理器，操作系统 DOS（磁盘操作系统）的开发外包给微软，IBM 只组合这些元素来制造 IBM PC，而且把系统完全开放，便于软件开发商及硬配件商提供新产品来增加 IBM PC 的使用价值。这是 IT 行业第一次以源创新建立强大生态系统的案例，一年间 IBM PC 便取代 Apple II，打败苹果的 Macintosh（麦金塔电脑），占领 80% 的个人电脑市场份额。IBM PC 是个两面市场的平台，8086 与 DOS 是平台的关键核心元件，当时 IBM 采用英特尔 8086，为求不受制于英特尔，IBM 要求英特尔把 8086 的技术提供给 IBM 与 IBM 指定的第三方供应商，DOS 是与微软共同拥有的，也不受制于微软。

半导体的需求从 1960 年便一路上升，1967 年半导体设备行业在硅谷诞生，这也使更多国家进入半导体行业。1955—1981 年，半导体产业都是以流创新发展，以新产品的流创新来建立竞争优势，从 1970 年开始，美国半导体行业产能过盛，再加上日本与韩国的半导体行

业比较强的流创新，到 1980 年美国很多半导体企业都面临倒闭，其中英特尔也面临着危机。

IBM PC 的成功也使 IBM 有了流创新思维，为求降低成本，它准备放弃英特尔与微软，自己生产新的关键核心元件，这也放弃了已建立的生态系统。在这种情况下，英特尔放弃内存芯片市场，竭尽所能联合微软及康柏，建立一个新的个人电脑平台，把 IBM PC 以前的生态系统成员接手过来，继续扩大它的生态系统，打败 IBM PC，最终英特尔与微软组合的个人电脑平台主宰了个人电脑的整个市场。英特尔从内存芯片业务转型为微处理器业务，把自己从信息行业的供应商转为信息行业源创新推动者而取得了突破。从 1982 年开始，美国的信息行业呈指数级增长，这与信息技术生态系统产生协同效应，建立了难以复制的强大信息技术生态系统，主导全球的信息行业发展。所有信息技术产品都需要两个关键核心元件：逻辑芯片与操作系统，而生产最先进的逻辑芯片，需要最先进的半导体设备，这都在美国的掌握中，拥有逻辑芯片与操作系统的公司，让全球的信息技术产品公司用它们最先进的逻辑芯片与操作系统，从而设计最先进的信息技术产品，销售到全球市场。但即使美国掌握的信息技术生态系统再强大，要持续它的主导地位，仍需要全球信息技术产品公司的销售来支持。如果其他信息技术产品公司都不用最先进的逻辑芯片与操作系统，那美国信息技术生态系统也难持续发展。

新崛起大国的信息技术产品公司应该用最先进的逻辑芯片与操作系统，设计最先进的信息技术产品在高端市场竞争，并将主力放在不靠最先进的逻辑芯片与操作系统，以源创新开拓及占领新市场，建立一个以市场为主导的新生态系统，有盈利时，适当地投资开发特殊应用的逻辑芯片与操作系统。

现存大国掌握了难以复制的强大信息技术生态系统，主导全球的信息行业发展，当它感到新崛起大国对它的主导地位有威胁时，便会制造事端来压制新崛起大国的发展。新崛起大国最好把主要力量放在开发另一个生态系统上，与现有的信息技术生态系统全然不同，但与信息技术生态系统有协同效应，与现存大国实现双赢。平台的主要价值不是在平台本身，而体现在加入平台成员所得的效益。以一个基础设施工程为例，如果重点是以最低成本与最短时间完成高质量的工程，那便是流创新思维。但如果重点是在施工的同时，做些额外活动，可使这些基础设施工程带动地区经济发展，那便是源创新思维，这些基础设施工程便可以看作是在建立平台。这类源创新，不是科技推动，而是刚需推动。

听了谢教授的讲解，犹如醍醐灌顶，让源子和同学们对贸易摩擦和源创新有了全新的视角和理解。下面同学们跟着源子进入最后一章的学习吧。

源创新就像浪潮，一旦到来将颠覆性地改变大众的生活方式，以及企业的运作模式。

张望西东

当源创新的奇点降临，大众生活方式及企业运作方式将发生颠覆式的巨变。变化的节奏不是润物无声，而是轰轰烈烈！

源案例

任何创新的爆发都有一个临界点，源创新也不例外。就像当下短视频应用的野蛮生长。而正是拍摄功能日益强大的智能设备与成本逐渐降低的 4G 网络资费，让短视频应用迎来了爆发式增长的时机。

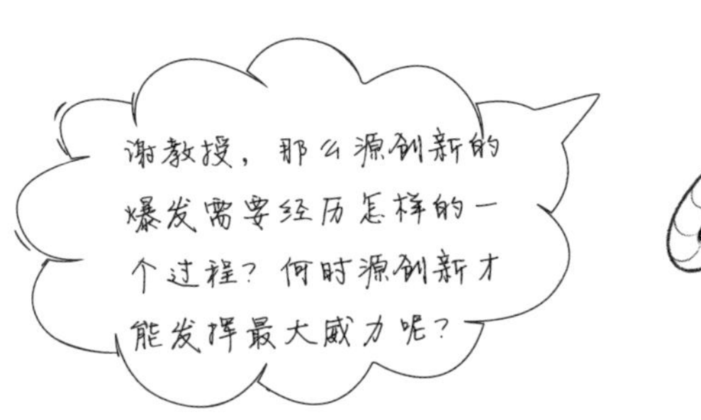

无数分流的江河最终汇集到一处，成为潮流，无数人在潮流上乘风破浪

源创新平台推动者可以来自不同的层面：国家层面、区域层面、行业层面、企业层面。源创新生态系统的覆盖面可以是全球、国家、区域。

张望西东

源解析

水善利万物，此外，"兵无常势，水无常形"。源创新的形态、大小、威力根据推动者的不同而不同。企业、行业、区域、国家也有驾驭源创新的不同方法，后面将会提到。

源创新生态系统的覆盖范围越大，它的浪潮也就越大。当一个覆盖全球或国家的大浪潮到来时，企业可借势推动一个在其熟悉区域或行业内比较小的源创新浪潮，这是借力推动源创新浪潮的做法。当很多小浪潮在不同行业或区域发动时，国家可组合这些小浪潮来推动一个覆盖国家甚至全球的大的源创新浪潮，这是集中小力量推动大的源创新浪潮的做法。

张望西东

当一个浪潮足够大时，没有人能独善其身。你唯一要做的就是参与其间。当你力量不足时，可借势而为。当你实力强健时，可御风而行，决胜千里！

源案例

源创新的生态系统越强大，它所形成的正向网络协同效用则越强。无论是借势者还是造势者，皆能在不同的源创新体系和规模中，找到自己的位置。

源创新生态系统的成员中一定要包括政府，在很多国家，尤其是中国，推动覆盖全球的大浪潮的是政府，中国企业要掌握大浪潮的到来，借力创造在企业层面比较小的源创新浪潮，如果小浪潮能帮助推动政府的

大浪潮，双方的协同效应可加快政府及企业的源创新发展。因此源创新是跨学科范畴的，跨政治、经济、管理、科技、商业及心理领域，它与经济发展，甚至国家发展都有密切的关系。

张望西东

源创新重新定义了政府与企业的关系。源创新发达的区域，政府与企业将获得更多的活力与协同效应。

源解析

要成功地建立一个源创新平台，最主要的先决条件是，推动平台的企业或机构得到两面市场成员的信任。中国的国情与美国很不同，大多数美国人认为如果政府直接参与推动源创新，那必然不会成功，所以美国的源创新主要由企业推动。但在中国，如果一个源创新理念不被政府认同，它成功的概率不会很高，源创新平台也难建立，所以我认为，地方政府可以推动中国的源创新。

5

中国改革开放40年的快速发展也带来很多问题，例如空气、水等环保问题，贫富不均，健康，食品安全，交通拥塞，就业等大环境问题。很多传统企业为中国的经济发展做出了巨大贡献，现在正面临危机，急需转型突破升级，这是中国企业的刚需问题。

张望西东

转型、突破、升级实际上都是一个词汇，就是进化！物竞天择，适者生存。包括源创新，所有的进化都是动态的、持续的，只有不断地谋求进化，方能立于常胜。

源解析

首先要明晰两个观念：

第一，“创新是找死，不创新是等死”是恐吓式的危言耸听。

第二，源创新是个动态竞争的理念，一个源创新是不够的，需要不断地发动源创新。动态战略的重点不在现有市场，而在于开拓市场；不是在现有红海竞争，而是避免红海、创立蓝海，建立一个新生态系统来实现新理念的价值。

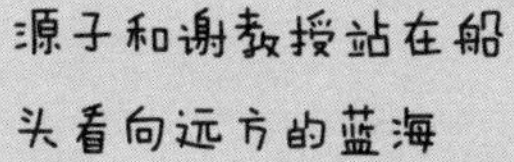

掌握源创新的真正内涵，一切将纷至沓来。

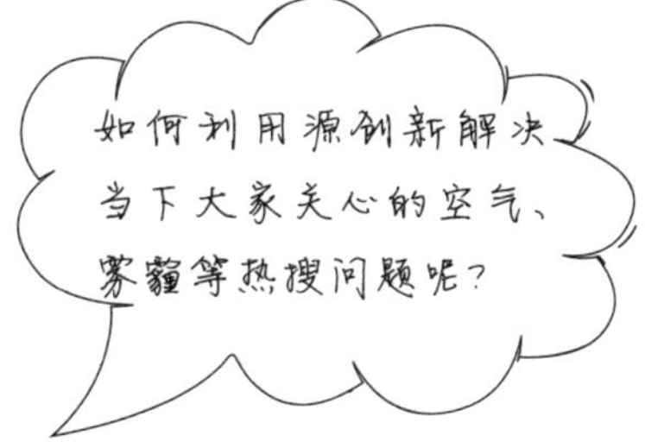

中国是全球第二大消费市场，GDP（国内生产总值）全球第二，中国内部的资产很多，市场很大，中国也有核心资源及能力，中国拥有传统制造业能力、科技发展能力

和很强的模仿能力。但中国的快速发展也带来很多问题，如雾霾、水污染、食品安全等。解决这些问题就是一个商机，谁有最大的能力可以解决这些问题？我认为是中国现有的企业！我们用源创新的方法来解决这些问题，一个源创新就带动十个流创新，会带动很多企业的发展，包括初创企业。这种初创企业有两种做法：一个是还模仿美国的东西；另一个就是解决我们中国的需求做出新的东西。孵化器的发展也能体现出来，有些可以跟企业转型来结合，因为企业转型的时候可能有新的想法，可以带动新的小企业。大企业也可以自己做一个孵化器，把相关的东西结合起来，加强自身发展。

“一带一路”倡议的宏伟愿景，是把中国改革开放 40 年来国家建设、经济发展的成功经验、有创意的模仿，应用于新兴国家，帮助其建设基础设施，促进经济发展。

一来扩大中国经济平台的生态系统，二来提供商机给中国

传统企业，希望可以减少产能过剩问题。长期的愿景是使国家能共同发展，促进世界和平，中国也因此增强在世界的声誉和影响力。这个宏伟的愿景，很值得中国推动，而且中国也具备能力来推动这一愿景。中国企业的跨区域创意模仿能力，是把某地成功的源创新，应用于企业熟悉的区域，结合熟悉区域的文化及特殊的情况进行发展。“一带一路”倡议需要企业建立不同但类似的核心能力，把自身成功的经验，应用于企业不熟悉的区域，如果企业能掌握这一成功的关键，与相关成员合作，便有机会建立这种新的跨区域创意模仿能力，这也使中国企业能走向国际化。

张望西东

源创新的妙处，在于同样可以运用于国家及区域经济。建立两面市场的生态系统，破解零和博弈，建立全球范围内共创共赢的新格局。

源案例

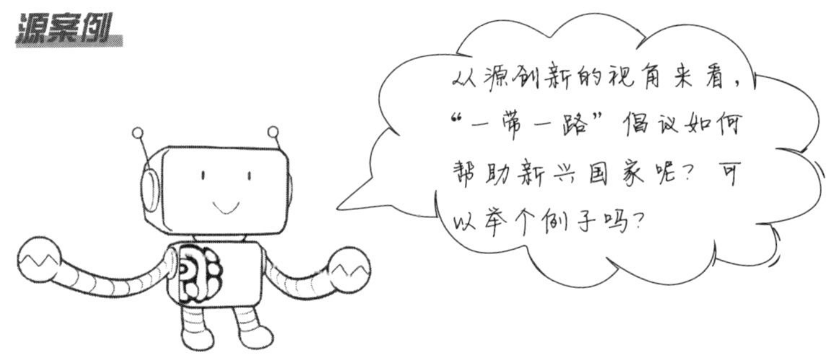

“一带一路”倡议就是把我们中国发展的经验带到发展中的新兴国家，帮助地区经济的增长，人均收入的增加，这也会带动一个新的市场，提供全球消费行业新商机。我们帮助它们发展的时候，跟这些国家建立了联系，所以中国有这种优势。

一起来看一个例子：

中国石油在坦桑尼亚有一个天然气处理厂及管线项目，坦桑尼亚的姆特瓦拉、林迪和落后艰苦的松戈松戈岛是管线处理厂的气源地，在项目施工的同时，项目的经理人以解决村民用水、捐助学校及解决当地就业等开展公共外交活动。项目组为当地创造近 2000 个就业岗位，在项目建设中，尽量多地使用当地人员，促进当地就业，员工当地化比率超过 50% 。积极开展对当地员工管理天然气管道和处理厂的操作技术培训，一年内培训各类技能人员达 1000 人，为坦桑尼亚天然气工业化未来发展积蓄储备人才。项目的建成，实现了通过天然气发电，极大地缓解了坦桑尼亚缺电的状况，对带动坦桑尼亚电力和相关下游产业发展起到重要推动作用。同时，通过天然气代替进口重油燃料发电，解决发电成本高和环境污染等问题，每年可为坦桑尼亚节约至少8亿美元的外汇。有了能源的保障，可以吸引更多的投资者，带动区域经济发展。目前中方企业已经与当地电力公司签署购气协议的电站达到6个，还有2个电站准备签署购气协议。同时，在项目的下游，有3家水泥厂正在建设或扩建。坦桑尼亚项目带动中国设备出口金额约15.9亿元。当地经济发展，人均收入增加，便开拓了一个新的消费市场，提供了消费行业商机。因此从这个天然气处理厂及管线项目的实行，到建立一个刚需源创新平台，这个项目的价值不仅是顺利完成管线和两座处理厂项目，更是提高当地就业率和当地员工技术水平，带动当地经济发展，开拓新的消费市场，提供消费行业商机，建立顾客黏性，这是源创新思维的实践。

用这个模式，每个“一带一路”倡议的工程项目、高铁项目、水利与污水工程项目、环保工程项目等，都可成为建立刚需源创新的平台，帮助发展中国家摆脱贫困、帮助区域经济发展。建立这些平台可能需要科技，但都是比较成熟的。中国通过接连建立这些刚需源创新平台，帮助区域经济的增长，与基础设施工程生态系统产生协同效应，建立难以复制、中国能掌握的强大基础设施工程生态系统，这与美国的信息技术生态系统全然不同。这些平台帮助区域经济增长，增加人均收入，实现美好需求，与美国的信息技术生态系统有协同效应。

目前中国很多有科技背景的创业青年，大多是以新科技为主要推动力，这属于现有市场的流创新，过多人推动会形成堵塞现象，也会降低成功的概率。如何引导这股力量，推动自身源创新或支持他人的源创新，开拓及发展新市场是关键。

张望西东

汽车的发明者和驾驶汽车的赛车手同样有机会名留青史。汽车的创新活动与超速飙车同样具备风险。

源解析

新科技过度地推向市场，正在造成新的“拥堵”问题。共享单车的无限度投放，成为交通的新问题。Airbnb 在巴塞罗那等旅游城市的过度扩张，正在减少长租公寓的供给，给当地年轻人的租房造成压力。

谢教授，那么有科技背景的创业青年，如何更好地在这个时代获得发展的机遇呢？

科技创新不一定能使企业持续发展，关键是有源创新思维，而且有能力把思维落地。宏观经济、政策、社会的改变及新科技都会触动源创新大浪潮，一个大的源创新浪潮能提供很多流创新及较小的源创新浪潮机会。当一个大浪潮来临时，一个企业的成功，是把握大浪潮的时势，以流创新支持它，或从中创造小浪潮，成为大浪潮的推动力之一。在新兴的无线互联网时代，有创意的模仿是新兴国家本土创业的最好途径，关键是应用有创意的模仿，把源创新思维落地。以生产为主的企业，最好的发展方向，是通过业务团组合建立源创新推动力，各业务团只要专心于流创新，公司的业务团结构会使它的生态系统不断加强。

8

马斯洛的多层需求模式告诉我们，人的需求是分层次的，他把层次分为五层，低层次的需求是人求生的基本需求，我称它为刚需，如吃饱喝足、渡过危机、安定生活、身体健康等都是刚需。

高层次的需求是追求美好的生活环境，我称它为“美好”，如无线通信、智能手机、无人驾驶车、无线支付等都是“美好”。

张望西东

“美好”的源创新是通往消费者升级的电梯。

源解析

基于刚需的源创新与基于美好需求的源创新将创造出不同的源创新世界。

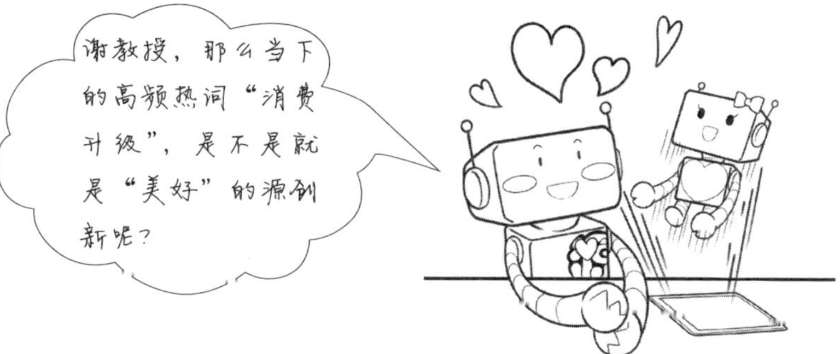

在低层次的需求未满足时，人们不会理会高层次的需求，但如果低层次的需求满足时，高一层次的需求便会成为潜在需求，有待发现。

在发达国家，大多数人追求的是“美好”，在发展中国家，则有很多刚需等待解决。中国是很特殊的情况，既有很多刚需，也有很多“美好”。“美好”与刚需也有高低层次之分，在同一层次增加价值的是流创新，提供高一层次价值的是源创新。刚需与“美好”最大的分别是，刚需比较客观，大家都知道；而“美好”比较主观，要体验后才知道。

刚需的源创新来自大众认知的生活问题，重点是如何组合新科技的可能性及社会资源来解决这些问题，而“美好”的源创新大多来自新科技带来的新可能性，加上年轻人在生活上的新追求，以新科技为推动，希望能带来更美好的生活。

现在中国很多传统企业都急于寻找突破方案，使企业有新的发展方向，这也是中国的刚需问题。中国传统企业可建立中国特色商业模式来实践刚需源创新，解决中国改革开放 40 年来快速发展带来的很多刚需问题，同时给科技初创企业提供创新机会，以流创新来帮助这一源创新的发展，带动第三产业发展来

取得协同效应，使传统企业突破升级。

张望西东

不管是创业还是投资，在中国，需要谙熟中国的特色与文化，方可事半功倍。

源解析

我用中国的俗语“鲜花插在牛粪上”来描述中国特色的商业模式。牛粪又硬又臭不好看，大家避而远之，它的养分也被忽视；鲜花很漂亮很让人喜爱，但它需要很多水及肥料来滋养。牛粪好比传统企业，看起来并不光鲜亮丽，也比较难快速发展，但它大多是解决人的刚需，所以它有较长的生命周期，也有比较固定的收入；鲜花好比高科技企业，它们被大家关注，如获得风投的投资，有可能会快速发展，但也可能会失败，而且生命周期比较短。现在培育高科技行业的方法，都是以水及肥料来养鲜花，用烧钱的模式把它培育起来，风险也比较高，而且很容易出现跟风及泡沫的情况。但如果我们可以找到能与牛粪结合的鲜花，用牛粪的营养培育鲜花，使它更漂亮、更优雅，鲜花因结合牛粪而使生命周期变长，而鲜花也能使大众对牛粪的价值改观，鲜花与牛粪的结合形成协同效应，使双方能共同发展。如能认证这一效应，那扩大的方法是用融资来兼并牛粪及不断寻找能与之结合的鲜花。这样的投资风险比较小，且有扩大投资回报的效果，比风投烧钱的模式更适合中国人的投资文化。

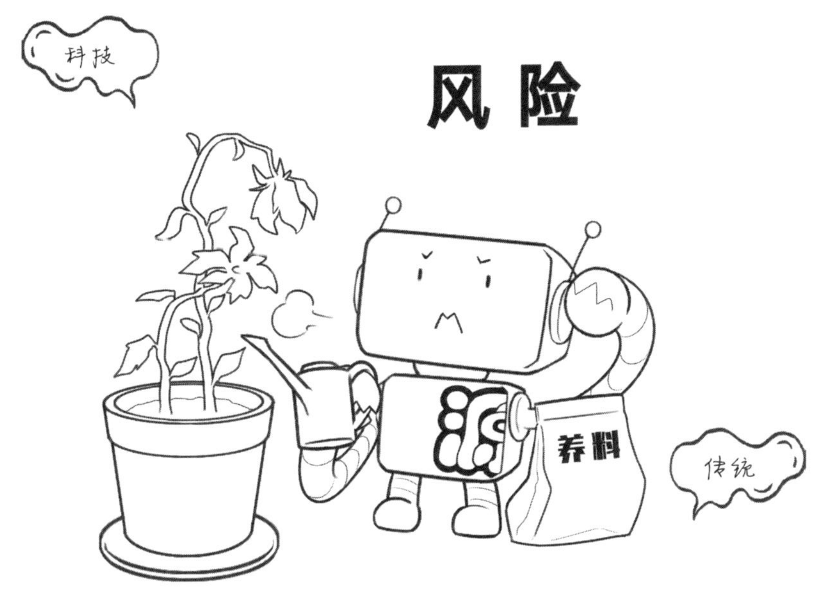

传统企业以组合相关的新科技及其他现有行业来推动刚需源创新，不仅可使企业取得突破升级，也可增加中国很多科技孵化器内新科技初创公司的成功概率，而且解决中国民众在生活上、企业在运作中的刚需问题。而这些问题也是一个新兴国家在发展过程中会面对的，有助于“一带一路”倡议的持续发展。这个创新模式是结合中国的特殊情况定制的。

张望西东

中国传统文化讲究阴阳、平衡。

阴阳的概念，源自古代中国人民的自然观。古人观察到自然界中各种对立又相联的大自然现象，如天地、日月、昼夜、寒暑、男女、上下等，以哲学的思想方式，归纳出“阴阳”的概念。

创新亦然。

不断提高人民生活水平，建成小康社会，实现中华民族伟大复兴的中国梦，中国要平衡刚需源创新与美好源创新的推动。

建立创新经济的根基是培养一群对源创新有认识，并且能有效推动源创新发展的企业、风投、创业者及政府领导。换句话说，建立一个可以不断培养源创新人才资源的平台机构将是创新经济的根基。

张望西东

在人类社会进程中，做成一件事的要素主要有三个：人、财、物。在这三个要素中，人是最活跃的要素。科技创新亦然，人才第一。源创新人才体系在创新经济中扮演着重要角色。

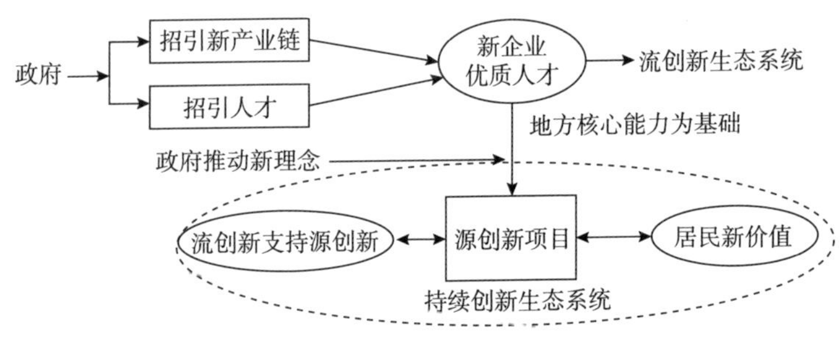

图 5-1　地区转型示意图

源案例

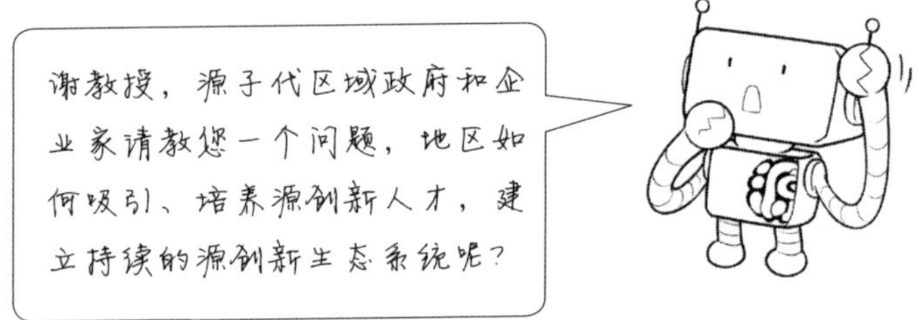

这是个很好的问题。每个地区都有承受新创企业的容量，这个容量取决于该地区的环境、机会、政策等。我把这些描述为当地的创新生态系统。如一地区承受新创企业的容量不变，甚至下降，那么大力创新会引起负反馈效应，关键是如何增加地区承受新创企业的容量，只有容量增加后才能适当推广万众创新。而持续推动源创新是增加当地承受新创企业容量的关键。现在让我们看看硅谷如何建立它的持续创新生态系统，使其承受新创企业容量不断增加。

在20世纪70年代，没有什么人在硅谷创业，斯坦福大学也没有创业班。当时斯坦福大学的电子工程系主要致力于研究半导体技术的最新应用，以及通过教学把这些成果传播给硅谷内的工程师，其中有些工程师得到风险投资成立了新公司。所以虽然斯坦福大学没有正式开办创新创业教育，但它的半导体应用培训也间接激励了一些工程师创业，这慢慢培养出硅谷的创业风气。在20世纪80年代，硅谷历经了4次源创新浪潮，在这期间，斯坦福大学研究最新信息技术的教授，很注重如何应用这些最新技术于企业管理中。斯坦福教授开设新课，举办会议，把最新的成果传播给硅谷内的工程师，他们积极与工程师或学生共同创办公司把成果商业化。在此期间，斯坦福虽然一直都没有正式开办创新创业课程，但可以说，它是在积极地建立硅谷的持续创新生态系统，培育硅谷的源创新文化。在20世纪90年代中期，很多成功的创业家及风险投资家都很想到斯坦福学习，同时也希望斯坦福能帮助培养新一代的创业者。于是斯坦福工学院组合这些资源，与校内有创新创业经验的教授一起，于1998年在管理科学与工程系中，正式成立科技创业部门，开设创新创业课程，培育创业者的创业意识、创业精神、创新创业能力。直到现在，斯坦福仍然积极地塑造硅谷的持续创新生态系统，致力于增强硅谷的源创新文化。

我把斯坦福大学的创新创业教育看作两个平台的组合，第一个平台是积极地建立硅谷的持续创新生态系统，培育硅谷的源创新文化。从1985年到现在，斯坦福大学学生与教授都参与重复的IT源创新，使硅谷创新生态系统很强大。第二个平台是从1998年开始，开设创新创业课程，培育创业者的创业意识、创业精神、创新创业能力。第一个平台的成果是增加硅谷地区承受新创企业的容量，第二个平台的成果是增加创新创业者的数量及素质。第一个平台看似与创新创业教育无关，但其实它的成果使更多高质素的创业者能在硅谷成功，所以我认为这个平台是创新创业教育成功的关键。我把这两个平台的组合命名为源创新教育平台。

在一个地区要建立持续的源创新生态系统，需要得到草根层面的大众支持，因此源创新的教育是建立创新生态系统的关键。近几年中国很多城市以优惠政策引进海外华裔科技人才落户创业，改变了各地区的产业组合及人才组合。如何引导这些人才，推动建立地区的持续源创新生态系统是地区的要务。地区可以有创意地模仿斯坦福大学源创新教育的模式，建立当地的持续创新生态系统。但基于历史、背景、文化、当地行业的结构及人才组合不同，具体的做法也不同，关键是把握两个平台组合，第一个平台是积极地建立当地的持续创新生态系统，培育当地的源创新文化。主要是研究与传播不同行业如何建立平台，参与实践推动源创新，研究与传播能支持源创新的应用科技，这个平台主要针对当地的企业、金融界、研究人员、专家。第二个平台是开设创新创业课程，培育创业者的创业意

张博士正在给源子、研究人员和创业者上课

识、创业精神、创新创业能力，培养源创新的思维和能力。

斯坦福大学先建立了第一个平台，以它的成功来推动第二个平台。需要注意的是，研究、教学、实践三者并行是关键，而且焦点不单是学生与创业者，而是要结合好当地的所有成员。地区的持续创新生态系统需要持续推动源创新，偶尔一次源创新推动是不够的。

地区的定位是它的愿景价值。不要以产业或科技定位，因为这只会引进流创新。要以地区现有的资源、优势、背景、文化及行业结构为支点，掌握当时源创新浪潮的大趋势，展望它能对社会提供的愿景价值来定位。这样可通过培训及指导，激励企业不断以源创新来提升对社会的价值。而且因各地的资源、优势、背景、文化及行业结构都不同，每个地区可以找到自身独特的定位，这也避免了地区之间的恶性竞争，有望建立地区间的正向网络效应。地区的源创新发展会提供很多创新机会，吸引更多适当的人才加入，持续推动源创新。

因为每个地方的资源及产业结构都不同，所以每个地方都可以推动不同的源创新理念，每个地方都可打造不同的新产业链，这也避免了地区之间的恶性竞争。

张望西东

每个区域、行业、国家的资源和禀赋决定了推动源创新的类型和风格。就像科技创新土壤更富饶的硅谷生长科技巨擘，而华尔街则生长金融大鳄，洛杉矶的好莱坞电影工业亦梦亦幻。

源案例

谢教授，硅谷、拉斯维加斯、好莱坞这些经典的区域源创新生态系统对于中国转型、企业创新之路有哪些启示呢？

源创新不一定是新科技推动的，而且不是所有地区都能以新科技推动源创新，不同地区有不同的优势，每个地区要以当地的优势为支点，推动能发挥其优势的源创新。很多时候什么都没有也是优势，因为你没有包袱，能打造全新的价值，硅谷与拉斯维加斯便是最好的例子。在20世纪50年代，硅谷地区只有农业，没有新科技，拉斯维加斯在未开发之前是一片沙漠。同样地，企业需要推动能发挥其优势的源创新。

中国有很多强大的国有企业及国有控股公司，它们很多都拥有独特资源，它们可以以这些独特资源为支点，引导其他流创新企业加入，共同推动源创新价值理念。在此过程中，不只是加强自己的生态系统，而且还能带动很多相关行业，共同做到和谐发展。我们看到中国移动在2001年便善用它的独有资源，推动梦网，通过整合中国移动与互联网公司资源来提供新价值。这不仅加强了中国移动的生态系统，也带动了新浪、腾讯、搜狐等网络公司，进而成就了以后第二次的源创新。所以，如果拥有国家独特资源的企业的领军人物能对源创新有所认识，他可以领导企业采取战略来有效地推动源创新，以此来带动生态系统内的其他企业以流创新来支持源创新，从而形成整个生态系统的和谐发展。

建立"领袖—执行"源创新文化：源创新要求企业有灵活性，有创造能力，能凭借对两面客户的了解创造价值，虽然中国企业的流创新及流程管理文化使员工拥有执行能力，但缺乏灵活性。

中国企业若要转型成功，首先要重新建立合适的源创新企业文化。

张望西东

不同的土壤生长不同的创新文化，中国的创新文化土壤正在经历最好的迭代。

"源"连接西东，世界会通途。这是我们的梦想，亦是世界的梦想。这是我们的时代，亦是最好的时代。

源案例

头部的科技企业一定是最善于创新的公司，而驱动它们的“发动机引擎”却不尽相同。殊途却能同归，核心秘籍在于它们都拥有伟大的源创新梦想——改变人类的生活，让世界变得更加美好！

谢教授给源子们讲讲不同的创新企业文化吧。中国企业应该选哪条“创新道路”呢？

我把创新企业按照企业文化分为三类。第一类是谷歌、3M（明尼苏达矿务及制造业公司）等创新企业，它们的创新推动力来自每一位工程师，它们吸引有创意的工程师加入公司，这些工程师都可自由选择自己喜爱的研发项目，从而最大限度地发挥自己的创新能力。他们把研发结果报告给管理层，经过市场分析及评估，有潜力的项目会得到公司投资，把项目发展为新产品或新业务。这一类型的创新公司的文化是注重成果、不注重流程、鼓励自由发展、完全不可容忍从上到下的控制。这类公司持久发展的关键有两点，一是吸引最优秀、最有创意的人才加入，二是具有判断项目市场潜力的能力。

第二类是以苹果、微软为代表的创新企业，它们的创新推动力来自它们的总裁。这些公司也聘请有创意的工程师，但公司的大方向由总裁决定，这些有创意的工程师可在既定的范围内创新。这种类型的创新公司的文化也是注重成果、不太注重流程、注重领导而不是控制。这类公司持久发展的关键是总裁的领导能力、远见以及其吸引优秀人才加入的能力。

第三类创新公司，如丰田、本田，它们的创新推动力来自那些从实际体验中发掘出的有价值的改革新意。这种类型的创新公司的文化也是注重团体合作，不断从工作中优化流程，而且不太注重控制。这类公司持久发展的关键是企业把员工看作重要资源，员工互相学习达到心意相通的境界，建立流创新能力。

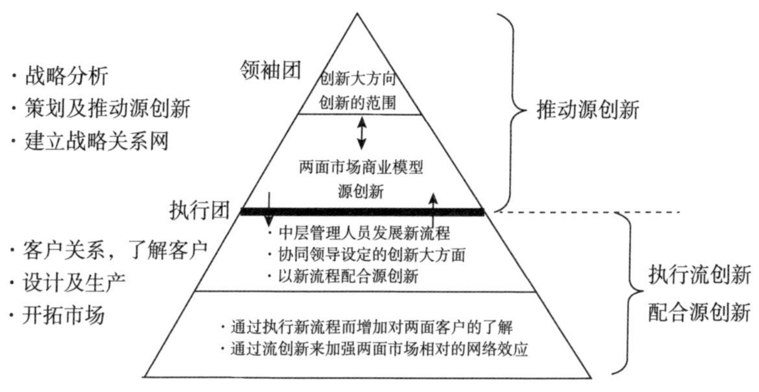

图5-2 “领袖—执行”创新型公司组成结构

从这三种类型的创新公司的管理文化来看，第一类不适合中国的文化，而第二类、第三类创新公司的管理文化与现在中国企业文化比较相近，其中第三类比较适合流创新。最适合中国企业实行源创新的公司管理文化是“领袖—执行”创新型，这种公司由领袖团和执行团这两个组团构成。

这是个激动人心的时代，有更好的土壤、更好的创新工具、更好的方法论。谢教授，能从宏观上给年轻人一个思维导图吗？

源创新的世界中，中国转型不是从传统生产转为高科技生产，而主要是思路框架的转变；从产品中心化转为客户中心化，从价值链的扩展转为两面（或多面）市场的扩展，从世界工厂转为为中国民生、企业及政府创造新价值，从红海竞争转为开拓蓝海，从只关注运用自身的资源及能力转为组合生态系统的资源及能力，从单

独关注下游客户的需求转为关注生态系统成员的需求及欲望，从流创新推动转为源创新与流创新的互动。

这些思路框架的改变可使企业开拓它的发展空间，找到突破停滞的方案，使企业有持续发展的能力。这个思路框架的改变可使地方政府致力于建立持续创新的生态系统、形成地方的创新经济。这个思路框架的改变可使国家把重点放在严格执行知识产权的保护上，创造好的创新环境，建立机制来鼓励源创新风投群体的成立，并且鼓励拥有国家独特资源的企业，以源创新和其他企业流创新的互动作为整个系统发展的推动力，促使国民并进，实现和谐发展。

感谢谢教授孜孜不倦的教诲，中国正在经历刚需源创新与“美好”源创新并举的最好创新时代，对于当下的创业者、创新者，这是个无与伦比的时代。每一个大的潮流发生，没有人能两耳不闻，独自行走。最好的方式就是亲身参与其间。感受时代的每次脉动，每一丝温度。

一个人走得快，一群人走得远。源创新的世界广袤无垠，我们有幸与源子们度过一段美妙的学习时光，窥见源创新美丽世界的惊鸿一瞥。

学习是终身的信仰。薄薄的一本小书只是连接你我的一把钥匙。无穷无尽的源创新世界等着你、我、更多的源子去发现、去探索……

未来未至，未来已来！

源子社群

感谢您的时间，如果您对源创新的话题意犹未尽，欢迎加入源子社群，与全球的源创新者同行。